别输在
不懂营销上

/ 梦华 编著

吉林文史出版社
JILIN WENSHI CHUBANSHE

图书在版编目（CIP）数据

别输在不懂营销上 / 梦华编著. -- 长春：吉林文史
出版社，2019.2（2021.12重印）

ISBN 978-7-5472-5848-4

Ⅰ.①别… Ⅱ.①梦… Ⅲ.①营销—通俗读物
Ⅳ.①F713.3-49

中国版本图书馆CIP数据核字(2019)第021949号

别输在不懂营销上

出 版 人　张　强

编 著 者　梦　华

责 任 编 辑　弭　兰

封 面 设 计　韩立强

出 版 发 行　吉林文史出版社有限责任公司

地　　址　长春市净月区福祉大路5788号出版大厦

印　　刷　天津海德伟业印务有限公司

版　　次　2019年2月第1版

印　　次　2021年12月第3次印刷

开　　本　880mm×1230mm　　1/32

字　　数　200千

印　　张　8

书　　号　ISBN 978-7-5472-5848-4

定　　价　38.00元

前言

营销，虽然以其独具一格的魅力和广阔的发展前景吸引了越来越多的优秀人才投身其中，但并非每个推销员都能获得成功。在这个竞争激烈的领域里，无论是一位久经沙场的老销售员，还是一位初出茅庐的新手，都会或多或少地碰到一些难题，遇到一些困惑，都会在不知不觉中犯一些错误，或是用了错误的方法，或是说了错话……总之，许多人由于一时的疏忽，前功尽弃，最终徒劳无获。

毫无疑问，每个推销员都想迅速拥有自己的客户，迅速掌握推销的技巧，顺利完成推销的各个环节，为客户提供优质的售后服务，以优异的推销业绩来展示自己的推销才能。那么，到底该怎么做才能避免营销中的错误、提高销售能力呢？正所谓成功的推销无定式，推销没有一个固定的模式，也没有一种固定的策略，全靠推销员以自己的技巧统筹全局，随机应变。虽然推销无成功定式，但失败的推销却是可以总结的。本书基于此点，为你揭示营销失败的种种原因，指出营销中的误区，为你提出警示，指导你一步一步地走向成功。

本书通过一个个令人警醒的错误案例、鞭辟入里的分析和应该采取的正确做法，剖析了一个推销员在推销过程中应该遵循的原则和策略，揭示了推销过程中蕴含的成功哲理。书中的案例真实生动而又浅显易懂，让人阅读起来趣味盎然而又发人深省，使看似深奥的推销技巧变得简单易学。

本书指出了营销中最可能犯的 71 种错误，每一个错误都非常具

1

有代表性，是从多个推销员的实践中总结出来的，具有典型意义。本书按照推销的进程来安排顺序，从塑造推销员的基本素质开始说起，将寻找和开发客户、接近客户、产品介绍、说服沟通、再次拜访和持续销售、缔结合同、客户服务、营销策略等每一个环节中最可能犯的错误毫无遗漏地展示给读者，使推销人员在推销的各个环节中都能够避免此类错误。

本书的每个小节都由"营销事典""正确做法""妙语点评"几个部分组成。"营销事典"介绍了一些典型的失败的营销案例，生动翔实。是针对案例作的详细解说和分析，读后会让人恍然大悟，对于营销员常犯的错误会有更深的体会。"正确做法"是告诉推销员应该怎样做才能避免错误，让自己在正确的基础上做得较好、更好、最好。是对一些简单易行的做法和营销思维做了一句话的"点睛"，简单明了，或是提出忠告，或是给出方法，使人可以从中一窥营销中的经验教训。"妙语点评"则运用精辟的言辞给全文做了一个总结。

你可以拿这本书作为你成功推销生涯的开始和指导，也可以把这些案例与你的推销方法、技巧进行比较，找出你出现错误的原因。研读本书，你可以对营销中所犯的错误有较深刻的认识，成功避开销售中的陷阱与雷区，掌握避免低级错误的方法，并将头脑中的感性认识理性化，最终转化成自己的营销经验和技巧。

营销是一个需要不断创新的领域，因循守旧的人很难适应这个工作，因此，你在理解和把握这些策略时，要以适用性为原则去操作。希望这本书能够让你从中吸取经验教训，有效避免营销中的陷阱和误区，走向成功。

目录

第三章　你在寻找和开发客户时最可能犯的 8 个错误

第四章　你在说服沟通中最可能犯的 12 个错误

第五章　你在产品介绍展示中最可能犯的 11 个错误

第六章　你在缔结合同时最可能犯的 12 个错误

第一章

你在推销心态和心理准备上最可能犯的 9 个错误

对拜访客户心生畏惧

你的营销生涯是从你一次又一次拜访客户开始的，所以，不要害怕去见客户。

▣ 营销事典

一位资深专家受托为一家知名企业打造一支优秀的推销团队，目标是将他们现有的预算软件的销售额再提高一个层次，同时市场占有率也能随之上升。

第一个礼拜，专家请销售代表们上门逐家拜访客户，给他们订下了每日拜访目标，挂起了排行榜，大家都兴致高昂地开始了他们的推销之旅。结果到第三天时，销售代表们的热情骤然降温，每日拜访次数开始下降，每个人都开始寻找理由少出门，就算出门，回来后在业务表上也总是以"拜访未遇"作结论。他们已经被客户的拒绝所击垮，甚至开始不愿意出门！

专家便问："小伙子们，怎么了？一下子都没了劲头了？"

听听他们的回答：

"第一天，我站在客户公司所在的那幢大楼外的人行道上，不知道该怎么去做，更不知道能不能推销出去。第二天，我还是……"

"我昨天到了××公司门口，又被门卫挡在外边。任我怎么说，他也不肯放我进去，更不用说见彼得先生的面了，真让我失望。"

"我运气倒比较好，见到了玛丽女士。可是我刚一开口，她就说她忙，让我别再打扰她了。结果我第二次到了她的公司，就没有了敲门的勇气。"

毫无疑问，这是正常的心理反应。心理医生常常通过电击来纠正有心理疾患的患者。当患者出现需要被纠正的行为时，就会被电击，自然是不舒服的，于是形成条件反射，待该行为再度发生时，电击的感觉出现，于是行为被自觉终止了。当被客户拒绝时，我们遭遇了"电击"，会随之与我们的销售行为（如上门拜访）联系起来，多次重复这种感觉后，自然就会畏惧打电话、登门拜访。

因此，一个推销员最主要的障碍几乎80%来自心理因素，而这当中最常见的问题就是被客户拒绝而产生的恐惧。

简单地说，害怕被拒绝，事实上就是害怕客户对他说"不"这个字：我们害怕客户对我们说"不"，我们害怕客户说他没有钱、没有时间、对产品不感兴趣……

根据统计，80%销售行为的最后结果都是客户的"不"这个字。你害怕客户对你说"不"，那么你害怕自己能够挣更多的钱吗？你害怕自己的事业成功吗？你如果不能克服这种恐惧，也就不可能提高收入，事业也不可能成功。

大部分的推销员没有办法接受客户的拒绝。依照经验，一个新从业的推销员最容易"阵亡"的时间就是他进入销售行业的前90天。若一个新从业的推销员不能在开始工作的90天之内掌握充分的产品知识、建立起他的基础客户群、提高销售能力及技巧，以及建立完好的自我形象和自信心、克服被拒绝的恐惧，那么他就会在90天之内离开这个行业。所以，这90天对一个新从业的推销员来说是非常关键的，而这当中最关键的一种能力的提高，就是对失败以及对于被拒绝恐惧的解除。如果我们能够解除被客户拒绝的恐惧，那么，这世界上每一个人都能成为优秀、杰出的推销员。

正确做法：

1. 作好失败的准备

新从业的推销员一想到可能会失败，往往会停滞不前。这很可能是患了"失败恐惧症"，而"失败恐惧症"又会引起"访问恐惧症"。你要对自己说，最初当然不顺利，反复去做就会变得顺利。反复实践是走上顺利的唯一方法，即所谓反复 10 次能够记住，反复 100 次能够学会，反复 10000 次，就变成职业高手了。

推销员在开始推销时，往往会认为一开始就会顺利，抱着甜美的希望想着："但愿……"结果，很容易因大失所望而深受打击。所以，应该经常对自己说："开始一定是不顺利的，唯有不断反复，才会变得顺利。"

2. 肯定自我价值

大部分的情况下，当客户说"不"的时候，他并没有否定你这个人，也并不表示你这个人没有能力，只是表示你还没有完全解除他对购买这种产品的抗拒以及对于购买你的产品可能是一个错误的决定的恐惧。害怕客户的拒绝是缺乏行动力和拖延的最大根源。

3. 树立自信心

害怕被客户拒绝也和你的自信心有绝对的关系，你的自信心越强，对被客户拒绝的恐惧就越小。作为一名推销员，你必须从以下两方面着手来培养自己的信心：

（1）确信你的工作对客户有贡献。化妆品企业相信它能带给人们美丽，从而建立全球性的企业。IBM（国际商用机器公司）相信它对客户的贡献在于替客户解决问题，从而成为世界上最大的信息处理公司。作为一位专业的推销员，第一个信念就是：确信我能提供对客户有意义的贡献。如果你的心中没有这种信念，你是无法成为一流的推销员的。

（2）积极与热忱。你的第二个信念是只要你做一天的推销员，积极与热忱就是你的本能。本能是一种自然的反应，是不打折扣的，是不需要理由的。积极与热忱是会感染的，你不但能将积极与热忱传递给你的客户，同时也能将你此刻的积极与热忱传染给下一刻的你。因此，每天早上起来的第一件事就是要告诉自己：积极、热忱！

4. 磨炼意志力

通常，推销员进行随机拜访时，要面对50次以上的"不需要""没预算""不喜欢""太贵"等拒绝，之后才会产生一个有希望的客户，你若是没有坚强的意志，是很容易被击垮的。

5. 转换定义

克服对于失败及被拒绝的恐惧的另一个有效方法就是：定义失败和被拒绝实际上都是我们内心的一种感觉。当对方用某种特定的方式对我们做了某些事或说了某些话之后，我们就感觉被拒绝了，是这种感觉影响了我们的行为及反应。所以，我们有必要将这种感觉转换成积极因素。

妙语点评

踏入销售职场，最初的新鲜感一过，随之而来的就是很深的挫折感，因为几乎每10个客户中会有9个对你说"不"。渐渐地，你会对你的工作产生恐惧，进而担心：我是否适合干这行呢？我能干好吗？这个时候，记住不要放弃，只要有成功的决心，失败永远不会把你击垮！

成绩面前不思进取

骄傲自满永远是进步的阻碍。

▣ 营销事典

弗兰克进入森达公司从事饮水机销售业务已经 3 年有余。这 3 年里，他从一个不谙推销之道的毛头小伙子逐渐成为一个比较成熟的业务好手，他的客户网络已经遍及州里的各个主要公司，业务成绩创下了一个高峰值。老板和同事们也对他的能力大加赞赏，他的上司一直把他树为他们部门的榜样。但随后，新的问题出现了。

一天，他去和一位新开发的客户商谈生意。回来后，他一脸的得意："哈哈，我今天碰到的客户真笨，这么容易就得手了。"

办公室里的几个同事听他这么说，面面相觑。在他们的印象中，弗兰克还从来没有这样评价过他的客户呢。

"他上个月的业绩已经下降了不少了，现在居然还这么说！"杰克小声对蒂姆说。

许多推销员日渐骄傲自满，以至于相信他们自己的事业已经如日中天，而实际上并非如此。他们被过去的老主顾们惠顾着，不再创新；他们成了订单接收员；他们四处闲逛，满足小小的愿望。你知道吗，他们正为他们的骄傲自满付出代价。

1. 他们的收入没有明显变化

一个有实力的职业推销员应当在经过一段较长的时间后，能够打破原有的收入水平，并且设定一个新的目标收入。成功推销员的定义就是能够不断实现挑战性目标收入的人。

2. 骄傲的推销员是很容易受到伤害的

如果市场上出现了新的竞争对手，或者是经济下滑，或者是其他不可预见的因素，影响了他们的客户群，那么他们就会发现自己原来两手空空。更令人感到可怕的是，当他们不得不重新为事业打拼的时候，他们已经无从入手了。

正确做法：

1. 随时检视自己的心态

自满心态的改变相比畏惧心态与自卑心态的改变更为困难。这涉及自我认识的困难，当人处于困境时，内外压力更容易促使人们下决心主动改变。而自满心态一旦形成，则很难察觉自身问题。故而，要想不被这种心态牵绊住，一定要随时检视自己，做到早、中、晚日省3次，不让骄傲自满有可乘之机。

2. 不断寻找下一级目标

趁你现在还没有自以为是时，就赶紧做好下面几件事情：①找个销售前辈作为你追逐的目标。一旦有了竞争的对象，你就不会掉入孤芳自赏的陷阱。②在心里树起客户是衣食父母的大旗，每次见客户前都暗自挥舞一番。就算被拒绝，你也当作没有能帮到他而感到遗憾。③每当做成了生意，记得要奖励一下自己，但第二天就要告诫自己，苹果园里还有更多的果实等着我采摘。

3. 自我教育

不要有了一点儿小成绩就不思进取，在市场飞速发展的今天，如果你不求发展，就只有关门大吉的份儿了。要不断进行自我教育，参加各种研讨会，阅读专业书籍和杂志，使自己成为所在行业的先锋。你对你所从事的行业知识了解和掌握的程度越深，客户就会对你越有信心，从而使你的公司成为客户心目中的第一选择。

保持支配自己的自由，不断从你和其他人所犯的错误中学习，并采取必要的措施避免它们再次发生，这必将给你的事业带来长期的发展前景和利润。

4. 用勤奋来武装自己

（1）行动起来。为引进新的客户、扩大你的商业基础而努力工作；要头脑保持灵活，为你的产品和服务寻找新的机会。一流的推销员总是把目光转向那些尚未被发掘的商业和服务行业的潜在客户，而这些潜在客户实际上也已经对他们的产品或服务产生了兴趣。赶快加入这些人当中去吧！

（2）勤于拜访。经常去拜访客户非常重要，拜访并不一定是为了销售，主要目的是让客户感觉到推销员和企业对他的关心，同时也是向客户表明企业对销售商品的负责。推销员拜访客户时不一定得有明确的目的，也许只是为了问好，也许是顺道拜访。

面对市场的压力与经济形势的转变，很多公司对那些业绩不好的推销员予以解聘。过不了多久，在许多大的行业里，再也不会有睡在功劳簿上沾沾自喜、没有突破的推销员了。

妙语点评

推销是一种非常辛苦的工作，但同时又是一种非常伟大的职业。在这个领域能做到顺心顺意、游刃有余确实是很值得称道的。但是学无止境，这个行业同样没有顶峰，故不可取得成绩就沾沾自喜，封住了自己前进的脚步。骄傲自满永远都是你在推销生涯中的大敌。不要以为自己的事业经过一段时间的拓展就达到了顶峰。态度决定一切。当你开始轻视自己的客户时，客户也不会给你更多回报的。

不能及时调整自己的坏情绪

情绪不好时，千万别去见客户。

🔲 营销事典

一个推销员情绪不好的时候去一家商场谈生意，这家商场还是老客户。当到了经理室时，经理显得特别高兴，热情地招呼这位推销员坐下，兴致勃勃地说："我告诉你，我女儿考上大学了！"

结果，这位推销员只是点了一下头，面无表情地说："嗯，您看下个月的货订多少？"

见经理没说话，他接着又问："您看下个月的货……"

不想经理刷地变了脸色，没等他说完，就不耐烦地说："下月不订了！"

推销员又问："那以后呢？"

经理干脆说："以后你别来了！"

推销员生气地说："不做？我还不稀罕呢！"说完，一摔门就走人了。

一个人的行为似乎是跟着感觉走的，情绪上多云，行动上也就不会阳光灿烂，这是一般人的看法。但从另一个角度看，感觉和行动是互相影响的，可以反过来用你的行为去改善情绪。积极的人都会这么做。

谈论业务并不意味着生活中的其他事均与此无关，客户希望你与他共同分享某一好消息时，你只需要一句表示祝贺的话就可以做到。同时，要学会控制自己的负面情绪，不要让自己的消极情绪影响自己的客户。

我们之所以会情绪恶劣，是因为一直想着那件让你挂心的事。

譬如说当自己被上司责骂了，那很可能一整天你就一直想着这件事，脑海中仿佛一直是他对你怒吼的表情，结果你的心情就越来越坏。

作为推销员，应该是乐观、开朗、工作和生活都积极的人，所以，你应该知道怎样把握自己的情绪，每天都让自己处于积极的状态中。推销员在面对客户以前要先做好心理准备。不论刚发生过什么不愉快的事情，推销员都要立刻把它忘记，然后用愉快的心情和灿烂笑容面对客户。千万别因为私人的困扰破坏了心情，以坏心情面对客户，只会使彼此的关系恶化，这是推销上的大忌。

正确做法：

为什么要让那些不愉快的事不断困扰着你呢？为什么不把这一幕最糟糕的景象从脑海里消除呢？难道你希望带着对这件事或对这个人的负面印象，而让自己付出心情不畅的代价吗？

如果能改变你的感受，难道你不愿意去做吗？情绪恶劣时，不妨试试下面的方法：

1. 在脑海里重新描绘出令你十分困扰的那件事

仿佛是在看电影似的，在脑海里重新描绘出那件事，注意其中的每一细节和过程，但不要心情激动。

2. 把脑中的这一幕转化为漫画形式

假想自己坐在一个高高的椅子上，脸上堆满笑容，气定神闲地倒翻着这一本包含全程的漫画书。

如果哪个人对你说了什么话，此时便仿佛看见他把话吞了进去，让整件事完全快速地倒放回去，随之再以更快的速度正放一遍。

做完这些之后你再来变更里面人物的色彩，使他们的脸都成为七彩的颜色。

如果是哪个人让你特别不快，那么就为他改头换面，让他的耳朵变得像米老鼠那般大，鼻子像《木偶奇遇记》里的匹诺曹那般长。

就这样反反复复快速地做上十来遍，不断改变里面人物、事物的样子及颜色，同时加上一些音乐伴奏，无论这是你所喜欢的音乐还是讨厌的音乐，尽量让它们和那些使你不快的图像连在一起，相信这必能改变你先前的感受。

整个步骤最需要注意的就是臆想时的速度，以及改变人物、事物的夸张程度。

3. 现在再看看自己对先前那件事的感受如何

如果你的第二步骤做得不错的话，情绪必然会有所改变，不会再像先前那般糟糕或低落。这个方法也可以用于多年来困扰你的事上，远比你分析原因尝试找出改变方法来得更有效。其原因是我们一切的感受都来源于心中一直注意的图像及相关的声音和感觉，这些合起来便对我们的情绪造成或多或少的影响。

当我们改变了这个图像和声音，那么心中的感受也就随之改变。当我们不断做这样的改变，先前的情绪便不会再现，这是因为我们神经系统中跟先前感受的关联慢慢地消逝。

请记住，任何事的发生都会与我们的神经产生关联，进而在脑子中建立一条通道。如果你一直使用这条通道，它就会愈来愈"长大"；反之，若是不去使用，它就会慢慢萎缩最后消失。

方法总归是方法，作为推销员，要记住：你的信心和热忱是很重要的。或许，垂头丧气比打起精神来得容易，但这样你拿到的订单就比较少。没有了信心和热忱，一系列的不利后果都会在不知不觉中产生，你将会看着可爱的订单在含泪和你告别。

妙语点评

谁都难免有情绪低落的时候，但这并不意味着你就可以随便将这种负面情绪转移到别人身上，特别是面对你的客户时。见到客户时，记得要将所有的不快置之度外，还要分享给他快乐之事！跟着好心情走，客户就会跟着你走，而订单跟着客户走，钱跟着订单走，多好。

业绩目标不切实际

目标不要随意而定，要量力而行；一旦定下来，就要不折不扣地去完成。

🔲 营销事典

几位推销员正在给自己制订短期业绩目标。

"成为顶尖高手！"

"创下令人惊讶的业绩！"

"成为受大家信赖的人！"

3个月后，几个人又聚在一起讨论目标实现得如何。

"乔，吉姆，你们感觉如何？"

"我感觉不好，到现在我的客户量还排在末位呢，还提什么业绩！"

"嗨，不说了，怪丢面子的。高手太难做了！我不想再干下去了。"

杰克耸耸肩："看来都好不到哪儿去。没人相信我这个月会有质的突破。"

推销员作为公司的一线人物，当然不能没有自己的奋斗目标和行动计划，否则他的推销工作便无从下手。零乱地、漫无目标地走访几家客户，成功率又会有什么保证？结果当然可想而知。

但是要注意，目标不能订得太高，否则无法实现，就变成白日做梦、痴心妄想，势必影响斗志，情绪低落。所以，要先订下可行的目标，然后分成若干具体步骤和阶段作为具体的行动计划，拾级而上，自然是步步高升。

正确做法：

1. 设定合理的目标

伸手可及的目标没有太大的价值，因为太容易达到，所以激励作用不大，不会激发你的潜力，即使完成了，也没有什么成功的快乐。

好高骛远、脱离现实的目标也不好，因为它不可能达到，会容易使人有失败感，这很容易挫伤你的自信心。

远期目标可以大一些，但近期目标应该在"跳一跳，够得着"的程度比较合适。这样，每达成一个目标，你都会跳高一点儿，一步一步地循序渐进，达到你最终的目标。

由人们在生活中设定目标、修正目标的举动可以看出他们在推销过程中可能出现的一些反应。人们常为自己修订目标，却浑然不知。当我们选择去一个社区居住，或选择参加一个团体，我们便会针对现状，制订目标。企业主也是这样，他们会向朋友、秘书、助理人员描述他们的目标，依据不断的反馈，逐步向上或向下修正目标。

个人的期望值反映了他希望达到的目标，换言之，那是他对自己的一种期望。期望不单是愿望，而是一种包含了展现自我形象的肯定意图。万一表现不好，可能有损自我形象。当人们被问到"下次你想拿几分"时，他们设定目标的真实度绝不如当他们被问到"下次你期望拿几分"时来得高，因为后者牵涉到自我形象，而前者没有。在推销过程中，设置高目标的人往往会比设置低目标的人表现得好。不过，期望愈高，失望的机会也会愈大，这当中自然要承担风险。

2. 重要的是你的终极目标

一家位于苏格兰的小轮胎公司原来一周只开工 4 天，经理为加强产品在市场的竞争力，希望能将工作日增为一周 5 天。但是，工会拒绝开会，工会的理想目标是周五不开工。

在漫长的谈判过程中，公司一再声明，如果工会不肯合作的话，公司将可能被迫关闭。资方的决心挺大，可工会的决心更大。最后谈判宣告失败，公司亦宣布关闭，工人们都失业了。工会就是因为要追求理想目标而牺牲了终极目标——保住工人们的饭碗。

3. 目标还要能够验证

如果是抽象的目标，一开始要以自己的方式加以定义，然后再实施。

每个人都有自己的目标，但不是每个人最终都达到了他的目标。这些人并不是没有去努力争取，而是不明白这样一个道理：有一个远大的目标时时激励着自己，固然是成功所必需的条件，但是，如果没有一个如何达成目标的详细计划，那就像是水中捞月一样，可望而不可即。

行动计划犹如罗盘，具有引导每日推销活动的作用，推销员必须根据行动计划来核对自己的工作状况，查看每天的销售方向是否有误。

通常每月、每周、每日的计划是固定的，但也会因公司各时期的营业方针或政策而有所改变。机动性高的计划对业绩影响甚大，因此有必要妥善拟定。

4. 要随时监督自己的目标

在迈向目标的过程中，你应当监督自己的行动，总结自己的成绩，这样才能激励自己，取得更好的成绩。

要经常检查你的目标，定期更新你的目标。

如果工作进展速度超过目标要求，不要松懈或停下来。相反，应当更新目标，制订更高的但必须是能达到的目标。另一方面，如果工作进展速度落后于目标要求，你已无法实现目标，也不要放弃，应当对自己说，该目标不可行，你可能过于乐观了（乐观是好事，不要让它变为悲观）。这时，就应当检查和调整目标，使它更为现实一些，然后集中精力去完成它。

妙语点评

工作没有计划的人，通常都是漫无目的的人。只要上司下达命令，或是客户提出要求，他们均言听计从，毫无异议。这种人一辈子都在疲于奔命，根本无法去做自己想做的事情。推销员的路既长且累，如果没有一个有效的目标来指引和激励你，你就会彷徨犹疑，最终因疲倦和挫折而放弃努力。而目标一旦明确，就不能随意拖延，否则你将一事无成！

总是批评竞争对手

推销中完全没有竞争对手的情况是很少的，你必须作好应付竞争对手的准备。

营销事典

某企业的总经理正打算购买一辆不太昂贵的汽车送给儿子做高中毕业礼物。萨布牌轿车的广告曾给他留下印象，于是他到一家专门销售这种汽车的商店去看货。而这里的售货员在整个介绍过程中总是在说他的车如何如何比菲亚特和大众强。总经理发现，在这位推销员的心目中，似乎后两种汽车是最厉害的竞争对手，尽管总经理过去没有开过这两种汽车，他还是决定最好先亲自看一看再说。最后，他买了一辆菲亚特。看来，真是话多惹祸。

一个小镇只有两家珠宝店，一个年轻人想买一枚钻石戒指——真正的钻石戒指。两个珠宝商都大肆攻击竞争对手是坑骗客户的家伙，对钻石一窍不通的年轻人听后觉得，在这里买钻石戒指很可能受骗上当买到假货，两个珠宝商均不可信赖，最好还是去光顾相邻城里的首饰店。

正确做法：

不要恶意批评你的竞争对手。

如果你的客户说到你的竞争者是如何如何地好，他的产品的价格是如何如何地便宜时，你可以告诉客户："先生／小姐，我知道这家公司的产品和价位各方面都是相当不错的，而我们的产品和他们的产品所不一样的地方是……"你就可以趁机再一次强调你的产品的优点以及和别人的产品的差异之处。当然，前提是你必须对你的竞争者的产品及优缺点有充分的了解，否则，你根本无从比较。所以，在提到你的竞争者时，要注意提到的产品有什么好处，或是客观地比较二者之间的差异性或优缺点，不要恶意地批评或中伤竞争者。

优秀的推销员应有职业道德，不要专说别人的坏话，如此你才会让客户更尊重你。

精明的汽车推销员在刚一开始谈生意时就要探明竞争对手在客户心目中的地位。为了搞清楚客户都见过哪些汽车和最喜欢哪一款，这样问："到目前为止，在您见过的所有汽车当中您最喜欢哪个牌子的？"客户对这个问题的回答，可以为洞察力很强的推销员提供大量信息。

如果客户的回答是"280ZX赛车"，那你再向他推销稳稳当当的四门轿车就是对牛弹琴了。绝大部分汽车推销员都害怕跟头一次买汽车的人打交道，因为推销员们知道，不管你给这类客户提供多么优越的购物条件，他们还会认为有必要先转一圈看看再说。聪明的汽车推销员都喜欢等客户看过了其他牌子的汽车后再接待他们，这时，就有成交的希望了。

要知道，你怎么说你的竞争对手，他们也同样可以怎么说你。当有人问你"贵公司是如何在与X公司的激烈竞争中累积财富的"，可以用这种方式回答："X公司的产品的确很不错（或很有实力），但请允许我告诉您，为什么客户选择了我们公司。"然后向你潜在的客户出示一些以往客户满意的感谢信件等。用这种方式，你就可以轻而易举地将话题从竞争对手转移到你们的交易上来。必要的时候，请你的老客户对你大肆赞扬一番也未尝不可。

一位采购员讲过这样一件事，说明推销员攻击竞争对手会造成什么样的灾难性后果：

我在市场上招标，要购入一大批包装箱。收到两项投标，一项来自曾与我做过不少生意的公司。该公司的推销员找上门来，问我还有哪家公司投标。我告诉了他，但没有暴露价格秘密。他马上说道："噢，是啊，他们的推销员吉姆确实是个好人，但他能按照您的要求发货吗？他们工厂小，我对他的发货能力说不清楚。他能满足您的要求吗？您要知道，他对他们要装运的产品也缺乏起码的了解……

我应该承认，这种攻击还算是相当温和的，但它毕竟还是攻击。结果怎样？听完这些话我产生了一种强烈的好奇心，想去吉姆的工厂看看，并和吉姆聊聊，于是前去考察。他获得了订单，合同履行得也很出色。这个简单的例子说明，一个推销员也可以为竞争对手卖东西，因为他对别人进行了攻击，我才在好奇心的驱使下产生了亲自前去考察的念头，最后，造成了令攻击者大失所望的结局。"

有的时候，客户已经买过竞争对手的产品，这时推销员在评论其产品时就需格外小心，因为批评那种产品就等于是对购买那种产品的客户的鉴赏力提出怀疑，因此必须讲究策略。比如，一个推销办公室档案设备女推销员就做到了这一点，她设法说服一家客户全部更换了原有档案系统，重新装配了一套价值近 2000 美元的设备。她没有让客户觉得自己安装第一套设计时不够明智，相反，还为此恭维了他，只是巧妙地证明了由于生意的扩大、条件的变化和新的办公器具的出现，不赶快更新就要落伍了。

妙语点评

不要轻易攻击竞争对手，否则那可能会将你的客户推给对手。对付竞争对手要有充分的思想准备。"知己知彼，百战不殆"，掌握了竞争对手的情况，才不至于在推销工作中落入被动竞争的困境。

以貌取人

客户无时不在，无时不有，千万不能以貌取人。

▣ 营销事典

艾比是一家房地产公司的推销员。一天他正在等一位客户，一辆汽车开了进来，从车上下来一对年纪较大、有点不修边幅的夫妇。

艾比对他们进行了预先判断后得出结论："我不能卖给他们东西。男的 65 岁，女的 50 岁，而且肤色不同，他们没房住，只在租来的公寓里住了4个月。他是一个商人，但却没有财务人员；她是个失业者，负债累累，他们顶多是过来看看，根本就不想买东西，因为他们买不起。我没时间搭理这些人。"

可是，3天后，艾比所在公司的竞争对手森威房地产公司传出一则惊人的消息：该公司一位推销员成功地将一套60万美元的别墅卖给一对老夫妇，据说这对老夫妇用的是毕生的积蓄。而这对夫妇正是艾比那天见到的"年纪较大、有点不修边幅的夫妇"！

一天下来，只要钱没放到桌上，推销员就不能百分之百地肯定是否会做成买卖。在推销工作未完全展开之前，就断定客户不会买，无疑是自杀行为。如果你的产品不要钱，每个人都想要。因此，妨碍人们购买的唯一因素就是钱。你看不到销售数字，看不到钱，你就不能断定推销结果。有鉴于此，专业推销员总是尽最大努力与每一个客户周旋。

正确做法：

现在，让我们来看看专业推销员是如何处理这种情况的。

首先，专业推销员会认真捕捉客户发出的信息，但他捕捉到的不是消极方面的，而是积极方面的。他知道，客户对他的产品有兴趣，因为他们回应了他的广告或市场宣传。

其次，专业推销员知道，如果他的客户参加过竞卖活动但没有买，可能是因为这次活动轻视了客户，没给他们买的机会。专业推销员不认为他们是浪费他时间的人，或者是流浪者，而是把他们视为国王和王后。

最后，专业推销员知道"有志者事竟成"，用他特有的待人接物方法，他就能够达到目的。谁能知道这个客户的金元宝藏在什么地方呢？钱不放在桌上，你永远也不会知道他有钱。不要对任何人先下判断，推销领域中这点尤为重要。

推销员的素养愈高，推销的技巧愈成熟，就愈容易找到更多的准客户，而准客户的认同度也会在推销员的素质提升中得以增加。如果以上这些因素的总和都是正数，那么销售量自然跟着增加。但若是推销员的素质低、技巧差，找到准客户的数量就少，销售量自然大减，这是必然的现象。所以在这个销售的法则中，我们可以将推销员的训练当做是主观的因素，而准客户的多寡是客观因素，主客观因素两者相辅相成，才能创造出最佳的销售业绩。

客户就在你身边。推销人员应当养成随时发现潜在客户的习惯，因为在这个纷繁复杂的社会里，任何一个企业、一家公司、一个人都有可能成为某种商品的购买者或某项服务的享受者。

一名优秀的推销员应该随时随地优化自身的形象，注意自己的言行举止，恪守自己的工作职责。

尊敬你的客户，他们也会尊敬你。记住，每一个人都是一位准客户。

妙语点评

生活中，"人不可貌相"的道理人尽皆知，但我们还是会犯类似的错误。在你的推销生涯中，这一点尤其要避免。怎么能凭自己的主观臆断就去下结论呢？记住：客户无时不在，无时不有。不要轻视任何一个人，他很可能会成为你的准客户。正可谓：机会只垂顾每一个有准备的人。

重理论，轻实践

一定的理论可能让你事半功倍，但也可能成为你推销中的陷阱。

▣　营销事典

有一个刚刚进入保险公司的推销员，他踌躇满志，也非常珍惜自己的工作，决定大干一番。但是因为他没有经验，每天看到同事们忙得不可开交，便想先学习学习公司的一些具有激励作用的工作方法。

每天，开完早会后他就在办公室里认认真真地看资料，努力地记忆那些保险推销中的方法和策略，并想象着自己在什么样的条件下可以运用。就这样，工作快一个月了，他一直在办公室里作研究。他的经理是一个非常开明的人，总是鼓励员工用自己的方式工作，毫不限制员工的思维，而且他还为员工提供各种信息和推销经验。这名新来的推销员不止一次来请教他面对什么情况应该如何处理的问题，他都详细地给以解答。但当他看到这位新人总是坐在办公桌前，一点也没有走出去的意思，终于沉不住气了。这天，他问他为什么不走出去，这位新员工理直气壮地告诉他：“我再研究研究，我发现这里面有着很深奥的道理，这真是一份很有意思的工作。”

“你得出去。”经理说，“你不出去跟人接触，你不出去实践，你就永远无法了解你的产品，永远不知道你的工作到底是一种什么样的工作。”

空有理论，不去实践，那么推销永远是天上的彩虹，看着美丽，实际上那一切只不过是虚幻而已。你不与客户接触、商谈，就不要指望会作出什么业绩。而商谈的最佳方式，则是面对面交流。无疑，理论是前人总结出的经验教训，但是那是他们实践的结果，而且同样的理论对于不同的人、不同的场合可能产生不同的作用，唯有真正地去做、去体会，你才能将那些理论转化成你自己的东西。

推销员更需要不断与客户接触，需要不断地在实践中磨炼，磨炼自己的应对能力、推销技巧等，光抱着案头的理论知识，不是真正的推销员。

多与客户接触，你的经验就会不断地得到增长，你的人际关系也会不断地扩展。听说过"见面三分情"吗？多见几次面，与对方建立友好关系，推销员才能为自己的业务发展打下牢固的基础。

正确做法：

有些推销员非常聪明，也酷爱钻研，把手中的产品琢磨透了，最后成为产品知识大专家。遗憾的是，他们的业绩往往和他们的知识成反比。

推销界有"二价四率"概念。

二价：访问单价 = 成交额／访问次数

成交单价 = 成交额／成交件数

四率：成交率 = 成交件数／访问次数

收款率 = 收款额／成交额

收款效率 = 收款件数／成交件数

开拓率 = 新单件数／新访次数

很显然，在推销水平没有很大变化的情况下，访问次数越多，成交的可能性越大，访问单价和成交单价也就越低。在有限的时间内怎样增加访问次数呢？答案是明摆着的：舍远求近。

不管你推销什么，都要从最近的地方开始寻找客户，如亲朋好友、邻居及工作单位附近的人。如果你不敢向这些人推销，只能说明你手中的东西不够好，或者你认为不够好。开拓并占领近处市场后，好好地经营，让客户变成替你宣传的中心。要做到这一点，必须不断与客户接触，提供服务。

只要行动，必能有所改变；只要行动，必能有所收获；只要行动，必能有所学习、成长；行动，能使人更坚强。

要想成为一个出色的推销员，成天在家里或办公室里想着要如何开拓客户、如何说服他们、如何成交是没有用的，我们常常把这叫做白日梦。因此，想要成功，必须采取行动，也就是从现在开始走出去，去寻找你的客户。

俗话说"一勤天下无难事"，可见"勤"这个字是一切成功的最基本要素。只要勤于努力，一切事情都可迎刃而解。而在推销上运用"勤"字，同样具备相当实用的价值。我们常说"做推销没有技巧，只要勤劳就好"，这充分说明了勤劳其实就是推销成功的关键。

勤奋、勤劳、勤俭，这些形容词都是正面的、积极的，而且还具备认同与鼓励的力量。如果客户能给你如此的评语，相信你已经得到客户的认同了，这也就是推销商品要先从推销自己开始的道理所在。

没有人天生就具备超乎常人的推销能力，任何推销技巧都必须通过学习才能够理解与运用，不论是来自于外力提供的知识，还是来自于内心自我学习的进修。

在学习之后必须借由不断的练习来提升经验与胆量，使之自然地成为自己推销习惯的一部分，长久累积。推销能力就如同爬楼梯一般，逐层地由下而上步步进步，同时也建立起自己扎实的信心。千万不要好高骛远。许多不切实际的人往往是说得多、做得少，光说不练绝对是无法达成目标的。流于形式和花哨的推销练习对于推销能力是完全没有帮助的，说穿了只是花拳绣腿，根本不堪一击。

妙语点评

实践出真知，推销员的工作更是如此。理论几乎帮不了你什么忙，只有去做，勤奋地做，才能体会出其中的乐趣。对客户的培养也是从勤于接触开始，找机会和客户建立友谊，从内心深处真诚地关心他，自然就可以获得相应的认同。此时，面对推销员的要求，客户也就不好意思拒绝了。

过度谦卑

你是为客户提供帮助的，而不是来乞求什么的。

🗐 营销事典

有一个推销员，平时谈笑自若、口若悬河，尤其是当朋友聚会时他更是当仁不让的主持人，滔滔不绝，大有"天下舍我其谁"的英雄气概。他的朋友们都认为如果他不做推销员，那可真是推销界的一大损失。

但是实际上，每次他拜访客户时，总是感觉浑身不自在。他总认为与他交谈的人有着一种让他不敢正视的气度。当他与客户交谈的时候，总是情不自禁地干笑几声。他说话的态度也极其谦卑，有时候甚至情不自禁地打起手势，还增加了一些枯燥的口头禅，例如"比方说……那么……嗯"等，有时10分钟下来，类似的口头禅可能要说出100次。

他与客户的交谈一度陷入了困境，完全没有了日常交谈时的气魄和幽默潇洒的神采，变得郁郁寡欢。于是，他就开始思考，到底是什么原因呢？却百思不得其解。在他将要放弃这份职业时，他已经有些穷困潦倒。于是他去向他的一位同学借钱，而就在踏进他同学家门的那一刻，他的那种谦卑无力的心态又一次升了起来。他忽然意识到原来他将他的每一次推销都当成了向客户的乞求，就像眼前这种借钱的心态，正是这种心态让自己成了一个自卑的人。

推销员在客户面前过于谦卑是非常普遍的现象。他们的潜意识里总是认为他们是在乞求客户的帮忙，而从来不会想到这是在帮助客户。他们常常这样想：如果我不对客户表示尊敬，如果我不每次都顺着客户的话来讲，如果我不跟客户谈他的兴趣爱好，客户就不会下订单。可是请记住关于销售职业的最大忠告：我们是来帮助客户解决问题的，所以要比客户更懂得如何来帮助他，因而更需要了解自己的产品或服务是如何满足顾客的需求的。我们称之为顾问式销售策略。你何时见过自卑的顾问呢？

推销是一种极易产生自卑感的工作。许多推销员存在着自卑意识。他们往往是以"不能"的观念来看待事物，对困难，他们总是推说"不可能""办不到"。正是这种狭隘的观念把他们囿于失败的牢笼。一些推销员在客户的大门前踌躇不前，害怕进去受到客户冷遇。自卑意识构成了走向成功的最大障碍。自卑意识使推销员逃避困难和挫折，不能发挥出自己的能力。松下幸之助说："自卑感是推销员的大敌，是阻碍成功的绊脚石。"如果怀有自卑感，推销员在销售方面是不会有成功的希望的。

正确做法：

在心理学上，自卑属于性格的一个缺陷。自卑常常表现为一个人对自己的能力、品质等评价过低。

自卑心理很重的推销员总认为自己这不行那不行，甚至觉得自己不是做推销工作的"料"；要么就是有畏难情绪，"怕"字当头，怕推销干不好，怕顾客拒绝，怕商品卖不出去。自卑感和畏难情绪严重阻碍自信心的确立，这些必须加以消除。自卑感的产生虽然与缺乏锻炼有关，但不良的心理习惯是更重要的原因。

推销员要克服自卑感、建立自信心，就应既看到自己的缺点，更要看到自己的优点，多想自己的长处。多想自己的优点和长处，就能使心理环境进行良性循环，从而萌发和逐步强化相信自己的意识。即使看到自己的缺点和不足，也能以一种积极的心理倾向正视它，正视的目的在于改变它，而非消极地自我萎缩和自我否定。

克服自卑感的另一个重要方面，就是用发展的眼光看待自己。今天不会的，通过勤奋学习，明天就能成为内行；现在不是干推销的"料"，通过奋发努力，将来准会成为推销能手。畏难情绪是自信心的又一大敌。心理实验表明，越是惧怕的事情就越容易发生。做推销工作，挫折与失败是难免的，向各种顾客推销商品，碰钉子也是常有的事，但如果以消极被动的心态对待挫折，在失败的面前抬不起头来，就会被挫折与失败打倒，一事无成。失败是暂时的，失败仅仅发生在某次行为或某件事情上，对于一名优秀的推销员来说，他的内心永远没有失败的阴影，只有充分的自信、必胜的信念。成功推销员的优良品格，不仅在于其取得成功后能够再接再厉、乘胜前进，更在于其遭到拒绝或失败后能够将它们转变为获取成功的动力，或直接当做攀登成功的阶梯。成功可以增强自信，失败也能从反面培植和强化自信。能否做到这一点，是衡量一个推销员是否真正建立起自信心的标志。

面对推销中的自卑心态，推销员应该做到心态上的平衡：

1. 要正确地评价自己

不仅要如实看待自己的短处，也要如实分析自己的长处，不能因为自己某方面的能力缺陷而怀疑自己的全部能力。

2. 要正确地表现自己

自卑感强的人应该多做一些力所能及、把握较大即便是不显眼的事情，哪怕是微小的成功也能增强自己的自信心。

3. 要正确补偿自己

采取"以勤补拙""扬长补短"的方法来弥补自己的缺陷。

要克服自卑感，推销员必须正确认识以下几个问题：

1. 正确认识销售职业的意义

一些推销员具有职业自卑感，为从事推销工作感到羞愧，甚至觉得无地自容。美国某机构调查表明，推销新手失败的一个最大原因是职业自卑感，觉得自己似乎是在乞讨谋生，而不是在帮助他人。产生职业自卑感的主要原因是没有认识到自己工作的社会意义和价值。推销工作是为社会大众谋利益的工作，客户从推销中得到的好处远比推销员多。因此，推销员要培养自己的职业自豪感。

2. 智商与成绩的关系

日本有人对推销员的智商与成绩之间的关系进行调查分析，结果发现，它们之间几乎没什么密切联系。有些智商高的推销员成绩较差，而有些智商低的推销员成绩反而好。因此，那些认为自己不如他人聪明而产生自卑感的人，必须放弃这种想法。

3. 性格与推销成绩的关系

有人性格内向，有人性格外向。一些人认为，推销员要与各类人物打交道，需要外向性格，那些性格内向的人不适合从事推销工作。这实际上是个误解。外向性格的人中有超级推销员，内向性格的人中也有超级推销员。美国十大推销高手之一的乔·坎多尔弗便是内向性格，但他同样取得了巨大的成功。

推销成绩差的人是缺乏进取精神的人。

4. 要正确认识推销失败

推销失败是不可避免的，但问题不在于失败，而是人们对失败的态度。有些推销员把失败看成是自己无能的象征，把失败记录看成是自己能力低下的证明。这种态度才是真正的失败。如果害怕失败而不敢有所作为，那就是在一开始就放弃了任何成功的可能。

5. 要正确认识客户的拒绝

推销员面对客户的拒绝，害怕了，不敢前进了。这样，与其说你是在一次一次地逃避拒绝，不如说你是在一次一次地赶走成功。推销员要从拒绝中找到客户的真正需要。

妙语点评

客户能信任你，凭借的是什么呢？你过度地谦卑就意味着你对自己都没有信心，你在客户面前自然不能将你的聪明才智完全发挥出来，那么你的客户怎么相信你呢？微妙的心理差异会让你的推销走向与成功截然相反的对立面——失败。

轻言放弃

不到最后一刻万万不能放松，因为此时也许是最佳的成交机会。

营销事典

推销员积极地推介一种商品，说：

"您看，这种收音机的质量很不错，它是柯兰电器公司继 R10110 型之后推出的一种改进型，无论是其清晰度还是耗电量都要大大优于原来的型号。"

客户一边反复观看着那种收音机，一边答话：

"是不错，不过，我还是想考虑考虑再决定。"

于是这位推销员以为这位客户并不需要这种产品而放弃了推销。

他说："感谢您光临本店，欢迎您下次再来！"

这实际上是一个大好的机会，是一个不可放弃的销售良机。因为客户已经对你的商品介绍表示认可了，这应当看作是一个购买信号。尽管从客户的答话来看，好像是一个拒绝购买的托词。实际上，客户的真实动机仍然隐藏着，他并没有正面拒绝，所以店员也不能轻言放弃，而应当继续你的销售过程。

客户借口拖延或拒绝是常有的事，推销员一定不能因此而放弃这个客户，"一切交易都是从拒绝开始的"，这也可以称为销售的定律。

正确做法：

推销员这时应当说：

"看起来您对 R1212 型感兴趣，那么喜欢这 3 种款式中的哪一种呢？"

客户可能会开始挑选了："哦，我不太喜欢这种正方型的，拿在手里感到不舒服……我想还是这种流线型的比较适合我吧！但是这种款式的机子收听电视频道的按键好像不怎么好使。"

推销员可迎合客户的意思："我明白您的意思了，让我找一台按键灵敏度高的给您看看。"

从上面的对话可以看出来，看起来是一个拒绝的托词，实际上是客户在考虑收音机的按键是不是灵活好使。

这就说明，客户的疑虑来自于店员对于收音机按键的灵敏度的解释不充分。他真正需要了解的是更多的有关收音机操作部件的信息，想要购买到一台使用起来方便灵活的收音机。

在推销过程中，要正确处理客户拒绝购买的意见，售货员就必须具备把客户提出的消极因素转化为积极因素的本领。而要实现这一转化，其前提条件就是店员必须弄清客户对商品提出的异议与拒绝购买的托词之间的区别，只有这样才能使用恰当的应对方法。

推销过程不要操之过急。

不要低估确定潜在客户的重要性。

妙语点评

半途而废是人生常见之事，不论是学习、工作、人际关系。但作为推销员来说，这是最大的一个缺点，出现这样的结果是你的沮丧、你的自卑又一次打败了你。没有人会强迫你去坚持，但你必须去这样做，而且要坚持到底，成功就在你下一步的路程上。

第二章

你在接近客户时最可能犯的 7 个错误

不注重自己的形象

懂得形象包装、能给人留下良好的第一印象的推销员，将是永远的赢家。

☐ 营销事典

案例一：

彼得是一家网络服务器公司的推销员。一天，他上门向威尔逊作销售推介。

"威尔逊先生，您好。我想向您介绍一下我们的产品。您知道，作为网络服务器，产品的稳定性是很重要的。经过科学验证和很多客户的使用证明，我们的产品可以保证连续运转而不发生意外……"

彼得不停地说，并不停地用笔记本电脑向威尔逊作演示。可是威尔逊老是走神。他看着彼得的裤子、鞋子，然后又把目光扫过他的衬衫和领带。哦，上帝！他的鞋子有多久没有上油了，看不到一点光亮！他的衬衫领子明显可见油污，不会是昨天去帮哪位朋友修理过汽车弄上的吧？还有……

"威尔逊先生，我说了很多了，我想您对我们的产品也有了初步的了解。您知道吗，我现在手里有很多订单，我的客户也很多。并且，他们购买了大量这种产品。我想，您也一定很有兴趣。如果您使用我们的产品，我们会为您提供更多的服务……"

"哦？"威尔逊回过神来，"对不起，彼得先生，我对这个不感兴趣，我想我考虑一下再给你答复吧。"

案例二：

蒂娜是某化妆品公司的业务员，有一次去推销化妆品。

"路易丝小姐，您看，这是我们公司最新开发的一款护肤霜。"

路易丝看过样品之后问："蒂娜小姐，你能告诉我这种护肤霜与其他化妆品相比有什么显著优点吗？"

蒂娜习惯性地去摸摸头发，"哦，这种护肤霜……"路易丝一见，认为蒂娜自己未必知道这种护肤霜的优点，显然对它也没有什么信心，于是就打消了购买的念头。

对推销员来说，一套搭配得当的服装加上文雅的举止能够给人以美好的第一印象，从而为以后更深入的交往打下基础。可是彼得却在这一点上犯了推销员的大忌。

作为推销员，有些习惯性动作和举止，诸如摸鼻子、摸下巴、揪耳朵、擦脑门、搓手、双手抱胸等，都是在不自觉中做出来的，自己习以为常，当然无所谓，而在客户看来，则别有意味了。所以，推销员应该时刻注意这些。

正确做法：

俗语说"佛要金装，人要衣装"，服装对推销员也同样重要。要知道，推销员整天忙于推销活动，每天都要接触很多新面孔，在短暂的接触中是否给对方留下深刻美好的印象是至关重要的。

所以，你应该善于让自己的服饰"帮"你推销。精心修饰的外表是专业推销员的一部分。虽然这因人而异，没有统一的要求，但都应以稳重大方、整齐清爽、干净利落为基本原则。即：

1. 服装要整齐

一般推销人员很少穿公司制服去拜访客户。但客户来访，必须穿制服接待。有时候可以根据推销对象"入乡随俗"，和推销对象穿着相似的效果也不错。

不论制服也好，便服也好，总之应该整洁大方，不能不修边幅。

2. 注意个人卫生

除服装必须整洁外，还应该注意自身的清洁。

3. 举止得体，谈吐大方

高雅不凡的举止谈吐可以产生吸引客户的魅力，让客户为之倾倒。

在举止上应该避免一些不好的习惯出现，如坐要端正，不要歪斜在座位上或跷起"二郎腿"；站立要稳，别背着手，也别抱着膀子或两脚不停地颤动；听客户说话时不要东张西望、抓耳挠腮。很多时候，这些都是出于紧张或习惯的下意识的动作，要把这种习惯"练"掉。

谈吐上，要做到保持语言的准确性，不要使用含糊不清的措词。要注意语言的规范化，戒掉自己平时的一些"口头禅"，不讲粗野的话语。

此外应该注意的是，你不能因为不是第一次拜访某人而大意起来，举止、行为、礼节也不那么讲究了，语言也粗俗起来，这是非常不应该的。

妙语点评

服装就是自己的名片，一个穿着得体的人，看起来就容易让人产生好感。长得好不好是遗传问题，仪态好不好是修养问题！

落落大方的举止才能给客户一个极佳的第一印象，才能让他产生好感，为接下来的正式推销开路。

总爱卖弄专业术语

用客户听得懂的语言来交流，才能确保你的语言可以让客户理解。

营销事典

詹姆斯受命为办公大楼采购大批的办公用品，结果在实际工作中碰到了一种过去从未想到的情况。

首先使他"大开眼界"的是一个推销信件分投箱的推销员。詹姆斯向推销员介绍了公司每天可能收到信件的大概数量，并对信箱提出了一些具体的要求。这个小伙子听后脸上露出不容置疑的神情，推荐用他们的 CST。

"什么是 CST？"詹姆斯问。

"怎么？"他以凝滞的语调回答，话语中还透着几分悲叹，"这就是你们所需要的信箱。"

"它是纸板做的，金属做的，还是木头做的？"詹姆斯试探地问道。

"哦，如果你们想用金属的，那就需要我们的 FDX 了，也可以为每一个 FDX 配上两个 NCO。"

"我们有些打印件的信封会特别长。"詹姆斯说明。

"那样的话，你们便需要用配有两个 NCO 的 FDX 传发普通信件，再配有 PIP 的 PLI 传发打印件。"

这时，詹姆斯稍稍按捺了一下心中的怒火，说道："小伙子，你的话让我听起来十分荒唐。我要买的是办公用具，不是字母。如果你说的是希腊语、亚美尼亚语或汉语，我们的翻译也许还能听出点道道，弄清楚你们产品的材料、规格、使用方法、容量、颜色和价格。"

"噢，"他答道，"我说的都是我们产品的序号。"

詹姆斯运用律师盘问当事人的技巧，费了九牛二虎之力才慢慢从推销员嘴里搞明白他的各种信箱的规格、容量、材料、颜色和价格，从推销员嘴里掏出这些情况就像用钳子拔他的牙一样艰难。推销员似乎觉得这些都是他公司的内部情报，他已严重泄密。

如果这位先生绝无仅有的话，詹姆斯还没觉得有什么大碍。不幸的是，这位年轻的推销员只是打头炮的，其他的推销员成群结队而来，全都是漂亮、整洁、容光焕发、诚心诚意的小伙子，每个人介绍的全是产品代号，詹姆斯当然一窍不通。

当詹姆斯需要板刷时，一个小伙子竟要卖给他FHB，后来才知道这是"化纤与猪鬃"的混合制品，等物品拿来之后，詹姆斯才发现FHB原来是一个拖把。

用客户听得懂的语言向客户介绍产品，这是最简单的常识。有一条基本原则对所有想吸引客户的人都适用，那就是如果信息的接受者不能理解该信息的内容，这个信息便产生不了它预期的效果。推销员对产品和交易条件的介绍必须简单明了，表达方式必须直截了当。表达不清楚，语言不明白，就可能会产生沟通障碍。

另外，推销员还必须使用每个客户特有的语言沟通方式。跟青少年谈话不同于跟成年人的交谈；令专家感兴趣的方式，不一定就是外行们感兴趣的方式。

推销员在与不同的客户沟通时，都应当认真地选用适合于该客户的语言。然而，推销员常犯的错误就在于，他们就像本案例中的推销员那样过多地使用技术名词、专有名词向客户介绍产品，使客户如坠云里雾中，不知所云。试问，如果客户听不懂你所说的意思是什么，你能打动他吗？

正确做法：

为了提高推销过程中语言的使用效力，你应该掌握一些基本的语言技巧。推销洽谈过程包含多个语言环节，既要说，又要问，还要听，此外还要识别和使用行为语言。其中，在陈述时要注意：

1. 陈述的技术要求

陈述是指推销员正面介绍产品、说明交易条件或回答客户提问的过程。它的主要目的是把恰当的信息传递给客户，以引起客户的兴趣。陈述是推销语言最基本的使用方式，是每一次洽谈中不可缺少的环节。

推销员必须正确地使用陈述性语言。为了使通过陈述性语言所传递的信息能够被客户理解，并引发推销员所期望的反应，在进行陈述时，必须做到以下几点：

（1）简洁。

简洁是推销陈述的基本要求。陈述时，应简单明了、干净利落，避免啰啰唆唆、反反复复，而应尽可能用较短的时间把比较重要的信息传达给客户。试想一下，即使是好朋友之间交谈，如果一方占用过多时间，一味说明自己的想法，却不给对方机会，对方会怎样？何况推销员是在与陌生的客户谈话。只有尽快唤起客户的兴趣，才可能使推销进行下去。

（2）流畅。

流畅也是推销陈述的基本要求。语言流畅，一是要求推销员讲话时要口齿清晰、流利；二是指陈述的内容要有连续性、逻辑性，上下文衔接合理，原因结果叙述清楚。

要流畅地介绍产品、说明条件，不应语无伦次、前后矛盾，更不可结结巴巴、吞吞吐吐。否则，客户不仅会轻视推销员，而且会怀疑陈述内容的真实性。当然，流畅不等于快速和滔滔不绝。

（3）准确。

准确是对推销陈述的更高要求。陈述准确，首先要求推销员必须选择正确的陈述内容。推销员不应试图把自己掌握的所有信息都传达给客户，而应选择客户最感兴趣的信息作为陈述的内容。

其次要求推销员合理安排洽谈不同阶段的陈述重点。在洽谈过程中，推销员通常要进行若干陈述。但是，不同阶段的陈述应有不同的重点。要根据情况把重要的信息分成几次陈述，即使是那些客户最感兴趣的信息，也不应全部安排在一次陈述中，这样才能保证客户正确理解陈述的内容。

再次要求推销员语调要准确，抑扬顿挫要合理。总之，要确保陈述的内容被客户正确地理解。

（4）生动。

生动是对推销陈述的最高要求。推销是激发客户购买欲望、说服客户采取购买行动的过程，因此，推销语言必须是能够打动客户的语言，它应该具有如下基本特征：新颖别致，与众不同；易于使人产生联想；易于被人记住；易于使人感受到；易于使人被说服——这样的语言才是生动的语言。

2. 陈述的时机选择

陈述通常在下列情况下使用：

（1）在推销洽谈刚刚开始时，推销员需要简明扼要地向客户介绍产品的特征和产品的利益。在洽谈开始阶段，通常只需选择产品的一两个最诱人的特征和利益介绍给客户，目的是引起客户的兴趣，使洽谈能够进行下去。

（2）在客户提出问题之后，推销员要就客户的疑问进行陈述。

（3）在洽谈开始进入实质磋商阶段时，推销员要提出成交的各项条件，作为讨价还价的基础。

（4）在洽谈结束后，推销员要回顾并总结洽谈的进程，概括己方的立场和观点。除此之外，在洽谈的任何阶段，只要客户提出要求，推销员都应随时就有关内容进行陈述。

妙语点评

营销成功靠什么？语言沟通不可忽视。刚开始从事推销工作时，可能使用专业术语会有一种成就感，因为你在塑造自己的专家形象。可是如果你一直在用晦涩难懂的专业术语与客户交谈，那你就要小心了，你可能会失去这位客户。他听不明白专业术语，就会心生厌烦。所以，如何把握营销中语言陈述的技巧需要你用心去体会。

过分赞美

赞美客户会很快地取悦你的客户，但过度赞美会弄巧成拙。

营销事典

某人寿保险公司两位推销员汤姆逊与迪克一起去拜访一位大人物——杰姆逊先生。这位先生早年白手起家，从一个卖报的小贩成为一家颇具规模的家电公司的总裁。他早年的传奇经历在小城里可谓家喻户晓。

见面寒暄之后，汤姆逊就说："杰姆逊先生，我很小就听说您的大名，从心底万分崇拜您。我想，您一定有很多故事，如果我们今天能亲耳听到您的故事，会非常荣幸的。"

"小伙子，我的故事很简单的。你们今天来不是为这个吧……"

"我亲爱的先生，您可知道有多少人做梦都盼着见您一面呢？

您……"

迪克感觉不妙，要制止汤姆逊说下去。可汤姆逊正在兴头上，又一口气说出许多不切实际的赞美之词来。杰姆逊一时也被他的话冲昏了头，开始回顾自己的创业史。话一开头就收不住，结果原定半个小时的拜访时间很快到了，杰姆逊的秘书前来告知几位分经理都到了，正等着杰姆逊前去开会呢。

在运用这个技巧时，必须掌握好说话的时机。否则，客户会认为你根本不是诚心的，只是一句奉承的话而已，这样反而增添了客户对你的不信任感，拉开了你和客户之间的距离。倘若客户一时被你的赞美吹昏了头，晕乎乎不知所以然，那么你们的谈话就离你的意愿越来越远，你很可能交到一个朋友，却失去一个客户。

正确做法：

按布朗戴斯大学教育家马斯洛的需求理论来解释，人人都有获得尊重的需要，即对力量、权势、信任、名誉、威望的向往，对地位、权力的追求。而被赞美则会使人的这一需要得到极大的满足。正如心理学所指出的：每个人都有渴求别人赞扬的心理期望，人被认定其自身价值时，总是喜不自胜。由此可知，你要想取悦客户，最有效的方法就是热情地赞美他。

那么如何把握这一点而不是赞美过头呢？

1. 具体明确赞扬客户

所谓具体明确，就是在赞扬客户时有意识地说出一些具体而明确的事情，而不是空泛、含混地赞美。前者让人感到真诚，有可信度，后者因没有明确而具体的评价缘由，令人觉得不可接受。因此，有经验的推销员在赞扬客户时总是注意细节的描述，而不空发议论。

2. 观察异点赞扬客户

每个人都有希望别人注意的心理。赞扬客户时，如果能利用这种心理，去发现他异于别人的不同之处来进行赞扬，一定会取得出乎意料的效果。这种方法被称为"观察异点赞扬"。

卡耐基就常用这种方法来赞扬别人。他在《人性的弱点》一书里便讲述过这样一件事：一天，卡耐基去邮局寄挂号信。在他等待的时候，他发现这家邮局的办事员态度很不耐烦，服务质量差劲得很。因此他便准备用赞扬的方法使这位办事员改变服务态度。当轮到为他称信件重量时，卡耐基对办事员称赞道："真希望我也有你这样的头发。"听了卡耐基的赞扬，办事员脸上露出了微笑，接着便热情周到地为卡耐基服务起来。自那以后，卡耐基每次光临这家邮局，这位办事员都笑脸相迎。

3. 要善于找到客户的亮点

赞美是说给人听的，一定要与人挂上钩。比如，客户有一辆名牌汽车，你想怎么赞美汽车呢？轻轻地摸着车子连声说："好车！好车！真漂亮！"如果这么说，可谓还徘徊在"赞美"大门之外，尚未得其门而入。车子再漂亮，那也是生产厂家的功劳，和车主有什么关系呢？

直截了当、毫无特色、只管物品却与人无关、隔靴搔痒……怎么能起到良好作用呢？如果说："这车保养得真好！"客户听了会怎么想呢？

4. 赞美要挠到他的"痒"处

如果你的赞美正合他的心意，会加倍成就他自信的感觉。这的确是感化人的有效方法。也就是说，能挠到他的"痒"处的赞美，作用最大。

5. 赞美要自然而诚恳

赞美实际是向对方表示一种肯定、理解、欣赏和羡慕的感觉。对方要从你的话中领会到这些。

妙语点评

谁都喜欢听赞美的话。可是如果你的赞美只是趋于一种心态，即讨好的心态，而不是真心的，那么你的客户就会觉得你是在拍马屁，让人反感甚至会因此瞧不起你。所以，诚恳的态度是关键。只有态度诚恳，找到客户真正值得赞美的地方，你才能收到理想的效果。

忽视客户周围的人

千万不要忽视客户周围的人，他们既可以成为你的敌人，也可能成为你的朋友。

▣ 营销事典

有一位推销杀虫剂的推销人员打算去拜访某农场的经理，平常该经理都在农场，但当天他恰巧不在。农场副经理很礼貌地向他询问："是否有我可以为你服务之处？"这位推销员反应颇为冷淡。

不久之后，推销记录显示，这个农场不再向他们购买一向使用效果很好的杀虫剂。这位推销人员火速赶去农场见经理，但一切都来不及了，因为该农场已向他的对手采购了另一种药剂，而这两种药剂的功效都差不多。

"你们为什么要更换呢？你们不是一向都很满意我们的产品吗？"推销人员问。

"是的，我们过去是很满意，但你们却变更处方，新的处方效果就差一些了！"经理回答他。

推销人员抗议："没有啊！我们一直都没有变更它的处方！"

"你们一定变更了，我的副经理告诉我，现在的药品都会塞住喷嘴，我们要花好几个小时的时间来清理那些被阻塞的喷嘴。副经理还对我说，你的同行卖给我们的药剂一点问题都没有。"

在营销中，我们往往盯住最有决策力的客户，却忽视了客户身边的人。有时候，可能最不起眼的人却在你的推销进程中起着至关重要的作用。推销员每天都会面对各种各样的客户，客户的性格、行为方式也决定了他的购买决策。有的客户虽然自己握有大权，但总是喜欢听一听别人的意见，既可博采众长，还可以树立威望，谁不想有一个愿意听自己意见的上司呢？于是，当你的某一个无关紧要的行为触怒了客户周围的某一个人时，他往往会利用他手中的权力对你的推销行为造成阻力，那么，这样你又怎么能成功呢？

正确做法：

其实，对一个认真的推销员来说，寻找具有影响力的人物一点也不难，除一般的实权人物之外，谁是你推销方案、商品的使用者，你找谁就行了。如果你的方案、商品确实好，他自然会为成交出力。

某个公司的经理是位女性，一次她在跟客户谈生意时，客户说你到我家里坐坐吧。她一听，到家里谈，那是最好不过的了，于是就来到了客户家里。该坐在什么地方谈，不是客厅吗？这位经理想，如果我坐在客厅里跟客户谈，客户的妻子在厨房，万一引起他妻子的误解反倒不好。于是她就来到厨房里和客户的妻子一块儿做饭，说得很是投机，又顺便向客户的妻子提起业务上的事。于是客户的妻子极力向丈夫推销这位女经理的产品。

面对一个家庭进行推销也一样，应该迅速弄清真正的拍板人，在拍板人身上下工夫，但也不要漠视其他人。比如，在不知道谁掌管金钱的情况下，一般这样说："你要是在家里大小事都管，你自个儿决定就行了。要是这类小事放手让爱人去管，回去跟你爱人说一声，让他（她）来看看。"这样一说，很容易搞清楚到底谁是拍板人，又为对方留足了面子，为进一步推销埋好了伏笔。一般，这种套话对丈夫使用时效果特别好。

如果你向一个（也许是一对）带着孩子的成年人推销，谁是决定者呢？当然是孩子了。不管你推销什么，你只要让小朋友动心了，他或她自然会说服父母。不过针对孩子推销前，先判断好孩子的父母或亲戚有没有支付能力，不要为了一笔生意让成年人在孩子面前丢脸，更不能破坏家庭成员之间的感情。

此外，在推销中寻找拍板人时，还要充分尊重其他人。仅仅尊重是不够的，要让所有的人变成准客户、客户才行。

访问重要人物时，注意搞好与拜访过程中遇到的人的关系。比如，即使你明明知道大人物的住所或办公室，也可以在途中找个人问一问，为办完事回过头来再次和那个人接触创造良机。简单地说，让你所接触的人都变成准客户。要知道，不管你推销什么，候选人都有可能对你的推销产生影响。平时注意小人物已经不再那么容易，谈大生意时就更难了。光顾着拍板人，冷落其他人的事例太多了。

经常听到有些专业推销员说自己跟谁很熟，但一问到细节，他就答不上来。"熟人"和"准客户"是有明显区别的。要是你把别人当成准客户，你就要了解清楚客户的姓名、年龄、籍贯、性格、经济状况、爱好等等，在此基础上，再进行认真地商谈，对方才会由熟人变成准客户，进而成为客户。

请记住，当你与经理、厂长、部长洽谈大生意时，与秘书、主任、司机等人先成交小生意的可能性非常大。除了成交真正的生意外，赢得这些小人物的心要比争取大人物的好感容易得多。

妙语点评

时间是宝贵的，精力也是宝贵的。花同样的时间和精力，有的人推销成功，有的人一事无成。为什么？没有找准拍板人之前，说什么都没用，徒然白费工夫。有时候，你会发现表面上的拍板人并不是握有实权的人。这就需要你既巧妙地照顾拍板人的面子，又要设法争取实权派的支持，让实权派为你说话。

只顾推销，忘了目标

你的目标是成交。如果潜在买主表示接受你的建议、条款和其他各种条件，就立即拍板，否则机会就会失去。

营销事典

推销员："看看我们的新型车吧。"

客户："哇，真漂亮。"

推销员："才 2.2 万美元。'

客户："我能买到一辆黑色的吗？"

推销员："当然。黑的、黄的、红的和紫红的都有。"

客户："好嘛！我今天带着现金。黑色的你有现货吗？我能不能今晚就开回家？"

推销员："当然，那边就有一辆。下周我们还有 4 辆黑色的要到货。"

客户："真的？也许我还应等一等，看了那几辆再说。"

推销员："不必了，它们全都一样。"

客户："可是，现在这辆车也许油漆不佳或还有什么毛病。"

推销员："绝不可能。你看嘛,一点问题都没有,是吧?"

客户:"嗯,看上去挺好。"

推销员:"那我们到里边去签合同吧。"

客户:"我还没有拿定主意,我想先看看那几辆再说。"

推销员:"可是这一辆一点问题都没有,你亲眼看看嘛。"

客户:"是啊,不过我还得考虑考虑。我得走了,下周我再来,我肯定来。"

当你发现你的某些话已经激起了客户的购买欲望,就应当尝试着去争取成交。不一定你提出了要求就能成交,但你可以数次尝试,锲而不舍,直到成功。

有人说,成交生意就像背诵字母那么简单,随时随地都能成交。做起来虽然不是这么容易,但这种观点没错。

不要胆怯。你也许担心失败,或担心你提出成交问题可能冒犯客户,但就潜在买主而言,更使他们感到恼火的不是在他们还不准备订货的时候你请他订货,而是在他们准备购买的时候你不请他们订货。不要胆怯,提出成交要求,你最多听到一个异议。

正确做法:

客户发出成交信号时,你要迅速而准确地捕捉。面临成交时,还有几种情况要注意。

1. 有的问题,别直接回答

假设,当你正在对产品进行现场示范时,一位客户发问:"这种产品的售价是多少?"你有3种不同的回答方法:

A. 直接回答:"150元。"

B. 反问:"您真的想要买吗?"

C. 不正面回答价格问题，而是给客户提出："您要多少？"

您会先选择哪一种回答？当然是第三种。如果你用第一种方法回答，客户的反应很可能是："让我再考虑考虑。"如果以第二种方式回答，客户的反应往往是："不，我随便问问。"

客户主动询问价格高低，这是一个非常可喜的购买信号。这至少表明他已经产生了兴趣，很可能是客户已打算购买而先权衡自己的支付能力。这时，你要及时把握机会，询问客户需要多少数量，会使"买与不买"的问题在不知不觉中被一笔带过，使客户无论怎样回答都表明他已决定购买，直接进入成交磋商阶段。

有时不等你把推销内容讲解完毕，也不等你进行操作示范，就会有客户发出购买信号，这是因为每位客户对产品的具体要求不同，因而产生购买欲望的快慢也不同。所以你要机灵一些，时刻注意，莫失良机。

2. 有的问题，别直接问

"轻易改变生意，显得自己很没主见！"客户常常有这样的心理。所以，作为顶尖推销员的你，要注意给客户一个"台阶"。你不要生硬地问客户这样的问题："您下定决心了吗？""您是买还是不买？"

尽管客户已经觉得这商品值得一买，但你如果这么一问，逼着人家必须马上回答，出于自我保护，他很有可能一下子又退回到原来的立场上去了。

为了给客户面子，应该设计好询问的方式，引导客户采取合作的态度，客户也会因此感到购买的决心是自己下的，并非别人强加的。

3. 别傻等客户提出成交要求

别指望潜在买主会说类似这样的话："哎，你已经卖给我了。我在哪儿签字？"要知道绝大多数客户即使具有购买意向，也都采取被动态度。你到适当的时机就得帮他一把——推销员如果看准了机会，就要大胆地、主动地提出成交要求，引导客户并适当施加成交压力，积极促成交易。

4. 该沉默时就沉默

"你是喜欢甲产品，还是喜欢乙产品？"问完这句话，你就应该静静地坐在那儿，不要再说话——保持沉默。

沉默技巧是推销行业里广为人知的规则之一。

你不要急着打破沉默，因为客户正在思考和作决定，打断他们的思路是不合适的。

如果你先开口的话，那你就有失去交易的危险。

所以，在客户开口之前一定要保持沉默。的确，在面对面的推销中，沉默令人感到压抑，因而你很自然地会产生打破沉默的念头。但对客户而言，他承受沉默的压力不比你小多少，所以客户极少会踌躇地保持沉默超过两分钟时间。

别忘了，当客户保持沉默时，他在为你思考。

一般来说，这种沉默持续的时间越长，客户表示同意的可能性越大。

不过值得注意的是，在这个时候，几秒钟的沉默就像是几分钟，几分钟就像是几小时，因为这时存在一种让人说话的压力。

有的推销员承受不了这种压力，他不能忍受沉默，不得不开口。他的话在脑子里蹦跳，在寻找出口，他终于说话了，让步了。他又开始滔滔不绝了。

优秀的推销员则能抵挡住这种压力。他不会打断客户的思路，因为他知道，在这个沉默的间歇中，客户正在进行思想斗争：

"我是买还是不买？我当然是想买一个，一切看起来都不错，假设我买了，肯定钱不会成问题，如果我确实有困难，我可以随时把它卖掉，不知道 × × 怎么说，啊，我想还是应当买……"

记住，沉默的时间越长，成交的可能性越大，因为这意味着客户想不出一个不买的理由，不要试图打破沉默。

原一平曾访问一个战争国家的出租司机。这位司机坚决认为原一平绝对没机会推销人寿保险。但是他不反对和原一平见面，因为原一平有部放映机，能放出彩色有声的影片，而这正是他从没见过的。

这部影片是介绍人寿保险的，并且在片尾提了一个结束性的问题："它将为你及你的家人做些什么？"

放完影片，大家都静悄悄地坐着，谁也不说话。经过大约"漫长"的 3 分钟后，这位出租车司机突然转向原一平，问道："现在，我还能参加这种保险吗？"

现在你知道这 3 分钟里这位司机的心里在想什么了吧！

原一平说："签约的机会往往在于询问对方签约意向与取出契约文件那一瞬间。如果不能及时掌握，便会白白失掉机会。一位专业的推销员是不会让机会逃走的，他通常会在问完话后，以迅雷不及掩耳的速度从公文包中取出契约书，然后要求对方签约。"

签约时，要在速度上求快，公文包内容务必整整齐齐、有条不紊。同时推销员要能清楚记得契约放在哪儿，印章摆在哪儿，以及各种目录文件放置的位置。

只要对方有一点购买意愿，就该立即取出契约书，说道："谢谢您，请在这儿写上你的大名吧！"

这原是极普通的成交动作，但动作稍一慢，情况就可能会完全改变。当你慢条斯理地翻阅公文包时，客户原本高昂的情绪会逐渐冷却下来，等你取出契约书要求对方签约的时候，对方可能会说："容我再考虑一下。"或是彻底打消主意不买了。

妙语点评

要随时关注成交的信号。成交信号是客户通过语言、行动、表情泄露出来的购买意图。客户产生了购买欲望，常常不会直言说出，而是不自觉地表露其心志。如果错过这样的机会，在辛苦地忙碌了两个小时之后，你发现客户已经没有兴趣了，轻易地让达成协议的机会溜走；就算是最后交易成功，也浪费了客户的时间。

在客户需要帮助时漠然视之

别放过帮助客户的机会，拥有爱心才会受到客户的喜爱和信赖。

🔲 营销事典

齐格勒搬家后不久，当时还不满 4 岁的儿子汤姆有一天傍晚突然失踪了。全家人分头去寻找，找遍了大街小巷，依然毫无结果。人们的恐惧感越来越深，于是，他们给警察局打了电话。几分钟后，警察也配合他们一起寻找。

齐格勒开着车子到商业街去寻找，所到之处，不断地打开车窗呼唤汤姆的名字。附近的人们注意到他的这种行为，也纷纷加入进来，帮忙寻找。

为了看汤姆是否已经回家，齐格勒不得不多次赶回家去。有一次回家看时，突然遇到了地区警备公司的人。齐格勒恳求说："我儿子失踪了，能否请您和我一起去找找看？"此时却发生了完全令人难以置信的事情——那个人不知为什么，竟然做起了巡回服务推销表演！尽管齐格勒气得目瞪口呆，但那人还是照旧表演。几秒钟后，齐格勒总算打断了那人的话，怒不可遏地对那人说："你如果给我找到儿子，我就会和你谈巡回服务问题。"

汤姆终于找着了，但齐格勒从此对警备公司的人敬而远之。

为什么你会在家或公司附近的银行开户而不到其他地方去？你如何选择保险公司呢？一般来说，如果人们受到重视或被给予好的服务就会很满足。作为专业推销员，要很乐意帮助客户，永远不要拒人于千里之外。

推销员只有一种方法能超越竞争者，那就是要尽可能地协助客户。这种协助应是真心诚意而不期望回报的，是一种自然关心他人的举动。经验证明，当一个人学会付出后，生意总是在门前等着他。

正确做法：

如果你有机会帮助客户，千万别错过时机。有一个推销员就因此做成一笔大生意。

一次，这位推销员去见一位准客户，解说过程很短，因为对方说他那位有钱的农夫叔叔有紧急事情待办，而且他对储蓄险没兴趣。事实上，推销员把文件拿出来之前，准保户就已经往外走了。

推销员走回车旁，见到客户口中的那位叔叔正躺在地上修理引擎。推销员走过去，告诉那位先生修理引擎是他最拿手的，并立刻脱掉夹克，卷起袖口，花了一整晚修好了引擎。推销员再度受邀回屋里喝一杯水，而女主人则留他吃晚餐。当他准备离开时，主人要求他第二天再来谈储蓄险的事。

那种面对客户的请求无动于衷的推销员，是无法深入客户内心的。

严谨的推销员会经常将信息送到客户那里，这是助人的方式之一。一般人都会跟那些一直保持往来又能提供最新讯息的推销员做生意，因为跟熟人做生意总是比较牢靠。

卡尔想在花园里盖游泳池。他们找了很多厂商，最后选了一个保证有良好售后服务的公司。但签约后却再也没见过当初来谈生意的推销员。因此，卡尔后来换了另一家公司买后续产品，并告诉所有朋友，别跟原先那家缺乏诚意的公司谈生意。

如果你在保险或金融领域工作，不妨问一下客户，他真实的退休收入是多少。有些保险公司甚至提供免费的客户财务分析。主动问问别人有何需要帮助的地方，也别忘了你对客户的承诺，不论何种行业，售后服务都是必需而重要的。

如果成为客户信任的推销员，你就会受到客户的喜爱、信赖，而且能够和客户形成亲密的人际关系。一旦形成这种人际关系，客户仅仅因为照顾你的情面就会自然而然地购买商品。

有位推销员去拜访客户时，正逢天空乌云密布，眼瞅着暴风雨就要来临了。他突见被访者的邻居有床棉被晒在外面，女主人却忘了出来收。那位推销员便大声喊道："要下雨啦，快把棉被收起来呀！"他的这句话对这家女主人无疑是一种至上的"服务"，这位女主人非常感激他，他要拜访的客户也因此十分热情地接待了他。

有时候，你是在不知不觉中帮助了客户。要知道，你帮助的人越多，你赚的钱也越多。

妙语点评

当你有机会帮助客户时，千万别错过时机。缺乏爱心的人是冷淡的、自私的，没有一个客户喜欢与这样的推销员打交道。这样的人只会加深公众对推销员的成见。

有道是："送人玫瑰，手有余香。"在你的客户面前表现你的爱心并不难，何况爱心常表现在生活中的一些小事上。

不善于用提问的方式与客户沟通

善于提出问题，才能在与客户的谈话中占据有利位置。

▣ 营销事典

理查德的公司经营的产品是一款公司影印机，而他正和 Makebux 机构的公司经理有一个会面机会。理查德决心把公司的新型 Superpow 模型销售给 Makebux。Superpow 不仅能快速影印，它的分页及校对也很快。

在见面之前，理查德把销售这一款影印机的原因归纳为：①它有红利可图；②它让他在销售竞赛中获得更多的点数；③在他的销售领域范围内还没有一台 Superpow，他相信如果能卖给 Makebux 一台，那将是一个创举。

在他经过长途开车来到客户的停车场时，车后唯一的一台影印机就是 Superpow 型。他认为不需要其他的型号，因为这就是他要卖给他们的型号。他已经下了决心：要让 Makebux 购买它。

他不仅把这台机器束好绳带，还准备了一个印有精美产品介绍的小册子，标题是："Superpow 能为 Makebux 做些什么？"他想，我要对 Superpow 负起责任，我要这么做。

会面一开始，理查德就说："阿雷先生，您好。你们要的影印机不是像其他的影印机一样只是影印，不是吗？您想要一台在影印时能同时将纸张分页及分类的影印机，不是吗？"

公司经理阿雷摇头说："不，我们这里从不需要分类。我们的附属公司有一个完备的印刷工厂，那里所有工作都可以完成，包括你说的那些，而现在我所需要的只是一台有高品质影印功能又能简易操作的影印机。"

理查德应该在拜访前通过电话探听一下对方的实际需求。如果在电话中对方就表明根本不可能，那么他早就根据他们的需要调整他的访谈内容，并转换另一种型号的产品以满足他们的需求。

当你面对新客户时，你应该在他们对所购买的产品表示肯定前，尝试获得一些比较小的、不那么举足轻重的肯定。

当每一次你面对有购买欲的客户时，如果有一套可信赖的提问技巧，对你的推销将会大有帮助。

正确做法：

在向客户提问时，推销员必须注意下述问题：

（1）先了解客户的需求层次，然后询问具体要求。

了解客户的需求层次以后，就可以掌握你说话的大方向，把提出的问题缩小到某个范围之内，从而易于了解客户的具体需求。如客户的需求层次仅处于低级阶段，即生理需要阶段，那么他对产品的关心多集中于经济耐用上。当你了解以后，就可重点从这方面提问，指出该商品如何满足客户需求。

（2）提问应表述明确，避免使用含糊不清的问句，以免客户听起来费解或误解。

比如，"您愿意节省一点成本吗？"这个问题就不够明确，只说节省成本，究竟节省什么的成本、节省多少都没有加以说明，很难引起客户的注意和兴趣。如果说："您希望在3个月内节省两万元的原材料成本吗？"这样比较明确，容易达到接近客户的目的。一般而言，问题越明确，提问效果越好。

（3）提出的问题应尽量具体，做到有的放矢、一语道破，切不可漫无边际、泛泛而谈。针对不同的客户提出不同的问题，只有为每一位客户定制适合的问题，才能切中要害。

（4）提出的问题应突出重点、扣人心弦。必须设计适当的问题，诱使客户谈论既定的问题，从中获取有价值的信息，把客户的注意力集中于他所希望解决的问题上，缩短成交距离。

（5）提出问题应全面考虑、迂回出击，避免出语伤人。

（6）洽谈时用肯定句提问。在开始洽谈时用肯定的语气提出一个令客户感到惊讶的问题，是引起客户注意和兴趣的可靠办法。

（7）询问客户时要从一般性的事情开始，然后再慢慢深入下去。

下面介绍几种常用的提问方式：

1. 求教型提问

这种提问是用婉转的语气，以请教问题的形式提问。

这种提问的方式在不了解对方意图的情况下，先虚设一问，投石问路，以避免遭到对方拒绝而出现难堪的局面，又能探出对方的虚实。

2. 启发型提问

启发型提问是以先虚后实的形式提问，让对方作出提问者想要得到的回答。这种提问方式属于循循善诱型，有利于表达自己的感受，促使客户进行思考，控制推销劝说的方向。

3. 协商型提问

协商型提问以征求对方意见的形式提问，诱导对方进行合作性的回答。对方比较容易接受这种方式。即使有不同意见，也能保持融洽关系，双方仍可进一步洽谈下去。如："您看是否明天送货？"

妙语点评

提问是一门有趣的学问，如果你的问题正好提到点子上，那么答案就在眼前了。在你的营销生涯中，学会提问、善于提问将使你的营销事业如虎添翼，将为你赢得更多的客户。要知道，合理的提问会让客户感到受重视，这样才有助于你们的谈话进一步进行。

第三章

你在寻找和开发客户时最可能犯的 8 个错误

不能给准客户正确定位

要迅速准确地衡量客户的购买意愿与能力，要做最有效率的事情。

营销事典

菲利普夫妇对某房地产公司销售员迈克送上门的公寓广告非常感兴趣，这使迈克很高兴，他认为这对夫妇想要购买一套公寓。

他花了整个下午的时间向菲利普夫妇推销公寓。他们走遍了公寓的每一个房间，迈克将每个房间的特点都进行了详尽的介绍，并且一再强调其诱人的价格。

"这套公寓采用国际流行的灰色面砖为底色，配以冷色调的玻璃幕墙，整体建筑风格表现出冷峻、时尚的特色。"

"我们窗户的设计采用的是上悬挂、下开启的铝合金窗，这类窗户防雨性能好，进风比较柔和，配合有色玻璃，私密性较强。"

......

尽管这样，菲利普夫妇依然没有表现出丝毫的购买兴趣。迈克并不知道，无论他怎样努力，他们都不会购买这套公寓。因为，实际情况是他们已经在另外一个地方购买了一套公寓。他们之所以来看这处新公寓，仅仅是出于好奇，希望通过比较来分析他们购买的新房子是否划算。

迈克把时间浪费在了一直在说"不"的客户身上。

正确做法：

推销员利用各种方法，会发现许多消费者、经营者和用户可能购买产品，但他们的整体特征是不仅数量多，而且地区跨度也很大。这种情况下，盲目访问就得花很多时间，尤其是其中一些人可能因需求已经满足、没有支付能力、没有决策权等不会采取购买行动，这就会白白浪费时间、增加费用和耗费精力。

要节省时间、提高效率，就要在寻找客户的过程中，对基本客户进行分析评价，从中选择购买量大、支付能力强、经过洽谈容易达成交易的客户，即准客户。通常情况下，准客户只占基本客户数的 20% 左右，而且，80% 的成交额来自这 20% 的准客户，这就是所谓的 20/80 法则。销售员集中时间和精力与这可成交的 20% 的客户打交道，才是最重要的事情。

根据这一法则，在寻找和确定客户的过程中，要对基本客户认真地进行分析和选择，以确定其中一部分作为准客户。

很多销售员花了他们大部分的时间向错误的对象销售，如果你正是如此，不论你在服务或产品上多么雄辩，你能赚到的钱还是很少。而我们要告诉你的是：专业者能确定把自己的时间投资在有购买意愿的客户上，而不是花大量时间却选错人，白白在说"不"的客户上浪费口舌。

寻找准客户在所有的销售行业中都是非常重要的一件事。那么，我们怎么才能确定哪些人是我们的准客户呢？我们可以根据 NMA 法则去寻找：

N——需求（Need）：发现客户特殊、迫切的需求点。

为什么人们会买你的产品？你的产品究竟能满足客户什么特殊的需求？可以肯定的是，一位优良的准客户一定会对你的产品或服务有迫切的需求。他一定会有一个可以用你的产品或服务圆满解决的问题。或者，他有一个能够通过你的产品或服务获得即时好处的机会。这种需求越是紧急或迫切，客户对于价格的敏感度或购买细节的要求就会越低。你若能够越多的找到对你产品有这样清楚而迫切需求的准客户，你的产品就会卖得更快更多。

M——钱（Money）：对客户的支付能力明察秋毫。

这里指的是你的准客户必须要有能够购买你的产品的基本支付能力。如果你发现一名客户非常需要你的产品，而你也费了九牛二虎之力劝说他购买，但结果是，客户根本就没有能力去购买，那么，一切工夫不也是白费吗？保健品销售员绝不会向一日三餐都没有保证的人推销保健品，这就是在考虑客户支付能力的问题。

对客户支付能力的考察内容包括地区经济水平、居民收入情况、企业财务状况等。了解城乡居民的收入情况往往比较困难，因为多数人不愿意让外人知道自己的积蓄，银行又要为储户保密。销售员除侧面了解外，可以根据地区经济水平和居民职业进行分析判断。对企业财务状况的了解要容易一些，可根据企业规模、生产条件、经营状况等因素进行评估。

支付能力还包括信用状况。对基本客户信用状况的了解，可以通过银行，也可以进行市场调查，或通过相关咨询机构了解。对于单价高、批量大的产品，在期货交易和赊购时，对客户的信用一定要慎重了解。

A——决策权（Authority）：找对人才能办好事。

你找到的准客户必须要有决策权。如果他既有钱，也有需求，但是根本没有权力作出购买的决定，那你无论花多大的工夫都是白费劲。

在成功的销售过程中，能否准确判断真正的购买决策人是销售的关键。有的时候，和你洽谈的对手如果无权作出购买决定，而且这些无决策权的人又极不愿意承认这一事实，那么只会浪费你的时间和精力。他认为承认自己无权有损于自己的声誉。他表面上往往显得很欣赏你的产品，但实际上不可能与你达成交易。如果洽谈了很长一段时间，或者你已经对他进行了几次拜访，但还是没有达成交易，那就说明你一直在与一个不能作出最终决策的人打交道。

妙语点评

　　客户表现出兴趣并不等于客户对你的产品有购买欲望，很多情况下很可能是另有目的，如案例中所说，只是为了比较而已。所以，在与潜在客户打交道时，给客户一个正确的定位是很重要的。优秀的推销员永远着眼在准客户身上。

不了解客户的背景

　　推销员对客户的了解越多，成交的可能性越大。

🔲 营销事典

　　推销员："你好，杰瑞！我是××服装公司的业务代表，我叫××。"

　　客户："我叫杰克，不叫杰瑞。"

　　推销贝："哦，对不起！我来是想向您介绍几款我公司推出的新装，它们对年轻人肯定有吸引力。"

　　客户："我们店的客户主要是中年人。我们也不想吸引太年轻的客户，吵吵嚷嚷的，又没有什么购买力。"

　　推销员："对了，我们也有适合中年人的，你看看这几张照片。（向客户敬烟）来一根？"

　　客户："对不起！（指了指门上的一块小纸片）我这儿是不吸烟办公室。"

由于事先没有对访问进行必要的准备，推销员很快就陷入困难的境地。

所谓的背景调查，是指为制订访问计划而针对某一特定对象所作的相关调查。

在寻找与评估阶段也要调查潜在客户的基本情况，但那是粗线条的，是对潜在客户整体情况的了解，其目的主要是为了淘汰没有购买力的客户。

而为制订访问计划，仅仅了解潜在客户有无需求、有无购买力、有无购买决策权还不够，还必须了解其更详细的情况。推销员对客户的了解越多，成交的可能性越大。

但是，推销人员必须注意，不能使背景调查的成本过高。如果由于背景调查的时间和精力成本超过可能获得的利益，背景调查也就失去了意义，除非这种努力能换来多次重复购买。

正确做法：

背景调查的内容主要由客户的类型决定，下面介绍是在对个人、组织、老客户进行背景调查时应掌握的内容。

1. 个人购买者的背景调查

对个人购买者的背景调查主要包括以下内容：

（1）个人特征。姓名、年龄、性别、民族、出生地、文化程度、信仰、居住地、邮政编码、电话号码等。

（2）性格特点。如果有可能，一定要了解客户的性格特点，因为他的性格决定了他的价值取向。

（3）家庭及其成员情况。所属单位、职业、职务、收入情况和家庭成员的价值观念、特殊偏好、购买与消费的参考群体等资料。

（4）需求内容。购买的主要动机，需求详细内容和需求特点，需求的排列顺序，可能支付的购买能力，购买决策权限范围，购买行为在时间、地点、方式上的规律等。

2. 组织购买者的背景调查

对组织购买者的背景调查主要包括以下内容：

（1）基本信息。法人全称及简称、所属产业、所有制形式、经营体制、隶属关系、所在地及交通情况、生产经营规模、成立的时间与演变经历；目前法人代表及主要决策人的姓名与电话号码、传真号码；近期及远期的组织目标、组织规章制度、办事程序；主要领导人的作风特点、组织机构及职权范围的划分、人事状态及人际关系等。

（2）经营及财务信息。生产的具体产品类型、品种与项目数量；生产能力及发挥的水平；设备技术水平及技术改造方向；产品结构调整及执行状况；产品工艺加工及配方；产品主要销售地点及市场反应；市场占有率与销售增长率；管理风格与水平；发展、竞争与定价策略等。

（3）购买行为信息。推销人员要深入了解关于推销对象在购买行为方面的情况。如推销对象一般情况下由哪些部门发现需求或提出购买申请；由哪个部门与机构对需求进行核准与说明；由哪个部门与机构对需求及购买进行描述以及选择供应厂家，选择的标准是什么；客户目前向哪几个供应者进行购买；供求双方的关系及其发展前景如何。

（4）决策者信息。对在组织性购买行为与决策中起关键作用的部门与人物，应重点了解其有关情况。

3. 老客户的背景调查

对于熟悉的、比较固定的买主，推销人员亦应在每次约见前作好背景调查。

对原有关于客户的基本情况，如有错、漏、不清楚、不确切的，应及时修正与补充资料。

目前，在各行业各企业都处于一种动态甚至是突变的情况下，企业的情况变化是必然的。因此，推销人员应对原来掌握的情况进行核实，如发生变化，应及时更正。尤其是企业的性质、经营机制、管理体制、人事、机构的变化，更应加以关注并收集资料。

妙语点评

了解潜在客户的情况，掌握其购买动态；收集信息，作好客户背景调查。

让自己的每一次推销都是有备而来、潜心而动，减少意外变动的风险性，才是一位成功的业务员。

急于求成

拥有自信，顺其自然，说话点到为止，必会水到渠成。

🗇 营销事典

丹尼斯是一家幼儿园的推销员。一天，他来到一个客户家："怀特太太，为了您可爱的小宝宝，请这个月内一定要入园。我不骗您，下个月入园的费用要提高25%，没有像我们这么好、这么便宜的幼儿园了。"

而怀特夫妇结婚10年才得个小宝宝，视其为掌上明珠，正想着让小宝宝进家什么样的幼儿园才放心。听丹尼斯这么一说，不免有点心动。"可是丹尼斯先生，我们说过了，想参观一下幼儿园，看看……"

"哦，怀特太太，您就放心好了，我们的幼儿园是聘请专家从幼儿心理角度进行充分研究和考察过的，不必犹豫。快送您的小宝宝来吧。"

怀特夫妇还是要求先参观幼儿园，结果并没有发现什么特别好的地方。而丹尼斯还是一个劲地催促。怀特夫妇不由心里生疑，怀疑这家幼儿园是否有什么内幕，左思右想，决定还是另外选择的好。

使客户处于一个能使他感到愉快的"匣子"里，双方就会以最佳的心情进行友好的交谈，并且会促成交易。这个"匣子"是由以下几部分组成的：

1. 态度

要表现出更多的热情，并把你的心思集中在完成任务而不是金钱上。

2. 诚挚

靠创造出一种互相帮助的气氛来融洽买卖关系，并且聆听客户怎样回答你的问题。

3. 能力

通过你的陈述及提问来证明你是一个商品使用顾问，而不只是一个产品推销员。

4. 了解需求，建立目标

准确地了解客户需要什么，想要什么以及期待什么，这能够使你有针对性地对他进行介绍。

正确做法：

推销员不必向客户展示所有产品知识，同样，在作出购买决定前，也没有必要让客户成为相关的专家。过多的解释反而让人心里生疑。

老话说得好，"买卖不成话不到，话语一到卖三俏"，推销的关键是"说服"。推销员要激发客户的兴趣，刺激客户产生购买欲望，就要讲究说的艺术。而一些推销员常犯的错误是，他们的产品介绍单调、生硬、抽象，不具有鼓动的作用，客户听了之后毫无反应。让产品介绍富有诱人魄力，推销员就要讲究艺术性。

1. 讲故事

通过故事来介绍商品是说服客户的好方法之一。通过故事，推销员把要向客户传达的信息变得饶有趣味，使客户在快乐中接受信息，对产品产生浓厚兴趣。由于故事都倾向于新颖、别致，所以它能在客户的心目中留下深刻的印象。当一个推销员能让产品在客户的心目中留下一个深刻、清晰的印象时，就有了真正的优势。

美国纽约"成功动机研究"主持人保罗·梅耶在进行大量研究后发现，优秀的推销员都会巧妙地利用人们喜欢听故事的兴趣去取悦客户。他们会津津有味地讲起与销售有关的故事。

任何商品都有它迷人而有趣的话题：它是怎样发明的？发明的过程如何？产品是怎样生产出来的？产品带给客户的好处是什么？等等。推销员挑选生动、有趣的部分，把它们编成一个令人喝彩的动人故事，以这个故事作为销售的武器。保罗·梅耶说："用这种方法，你就能迎合客户，吸引客户的注意，使客户产生信心和兴趣，进而毫不费力地达到推销的目的。"

一位玛钢厂推销员在听到客户询问"你们的产品质量怎样"时，他没有直接回答客户，而是给客户讲了一个故事："前年，我厂接到客户一封投诉信，反映产品质量问题。厂长下令全厂工人自费坐车到100公里之外的客户单位。当全厂工人来到客户使用现场，看到由于质量不合格而给用户造成的损失时，感到无比的羞愧和痛心。回到厂里，全厂召开质量讨论会，大家纷纷表示，今后绝不让一件不合格的产品进入市场，并决定把接到客户投诉的那一天作为'厂耻日'。结果，当年我厂产品就获得省优称号。"推销员没有直接去说明产品质量如何，但这个故事让客户相信了他们的产品质量。

推销故事，归纳起来有 10 种：

（1）介绍性故事：我是谁？为什么到这里？我能怎样帮助客户？

（2）引人注意的故事：使客户对你和你的产品感兴趣并予以注意。戏剧性的故事能使他们想听你说的话。

（3）产品信息故事：不是简单地罗列产品的特点及长处，而是把它们融入故事中去讲。

（4）克服担心的故事：客户害怕承担购买风险，推销员可以向他们表示别的客户也有过同样的害怕，然而在你那儿他们从不担心。

（5）金钱的故事：向人们表示他们怎样买得起你的产品和服务，而你的产品和服务又是怎样让他们省钱、赚钱。

（6）自我陶醉故事：向客户表明拥有你产品的自豪感，以及别人对他们的羡慕等。

（7）提高生产力的故事：向人们表明你的产品能帮助企业提高效率、降低消耗、增加产量、减少差错。

（8）家庭亲密的故事：向人们表明你的产品能使客户家庭幸福、关系和谐。

（9）安全故事：表明你的产品能使人心平气和、情感安全、经济安全等。

（10）成交故事：总结产品好处，获得订单。

2. 引用例证

举例说明问题，可以使观点更易为客户接受。人们在研究中发现，用 10 倍的事实来证实一个道理要比用 10 倍的道理去论述一件事情更能吸引人。显而易见，生动的、带有一定趣味的例证更易说服客户。

妙语点评

一旦客户愿意坐下来跟你谈或者乐于向你咨询，这就表明客户对你的产品或服务已经产生了兴趣。但是，从兴趣到行为是需要一个过程的，要充分给予客户思考和选择的时间，并在这段时间内，通过自己的专业和服务，努力促成客户的消费行为。

不善于应付意外事故

见机行事，灵活应变，不要因一时的失误而冷场。

营销事典

有一个推销员当着一大群客户推销一种钢化玻璃酒杯。在他进行完商品说明之后，开始向客户作商品示范，就是把一只钢化玻璃杯扔在地上而不会破碎。可是他碰巧拿了一只质量没有过关的杯子，猛地一扔，酒杯摔碎了。

这样的事情在他整个推销的过程中还未发生过，大大出乎他的意料，他也感到十分吃惊。而客户呢，更是目瞪口呆，因为他们原先已十分相信这个推销员的推销说明，只不过想亲眼看看得到一个证明罢了，结果却出现了如此尴尬的局面。

此时，推销员也不知所措，没了主意，任这种沉默继续下去，不到 3 秒钟，便有客户拂袖而去，交易因此惨遭失败。

有突发事件的情况下，沉默的时间愈长，交易愈容易失败。因此，在推销中学会随机应变是很重要的。

正确做法：

推销员在推销的过程中，会遇到多种多样的情况。这要求推销员要沉着冷静、机智灵活地逐一处理，把不利的突发因素消解，甚至化为有利的因素，同时又绝不放过任何一个有利的突发因素为自己的推销加码。

社会环境是不断变化的，每一因素的变革都会对推销企业或产品产生重要的影响。如在市场经济深化发展中形成的新的推销组织；在市场竞争中，有新的工商机构加入竞争行业，就会出现新的推销对手。社会环境的复杂性和企业面临情况的多变性，都要求推销员具有适应变化的技巧与能力。

推销员在日常工作中还要机警灵敏，随时应付可能发生的客户异议和突发事件。在推销实施过程中不可能都一帆风顺，有顺利发展的时候，也有遇到风险的低谷时期。对于偶发事件如何处理，直接关系到推销活动能否顺利摆脱僵局、走出低谷。

琼正在与一位新客户谈生意，一位老客户打电话来提出退保。琼立刻感到双重压力，既想向老客户挽回败局，又怕在新客户面前泄露自己推销失利的消息。她灵机一动，便在电话里客气地对老客户说："那没关系，不过我现在正在与一位朋友谈要紧的事，我们明天见面详细谈谈，你看怎样？"

你看，琼这样说，老客户通常不会拒绝她，而她还有一个机会和他谈判以维持原有的交易；而新客户呢，他一方面会因为琼重视他而感到高兴，另一方面也会因为琼为了他而拒绝一次约会感到歉意，这就非常有助于琼与他谈成交易。

显而易见，如果琼不能临危不乱，很可能忙中出错，既失去在老客户那里挽回败局的可能，又让自己狼狈地丢失了新客户，闹得个鸡飞蛋打的结果。

意外的情况并不总是坏事，有时也有利于你的推销。这时，你应该抓住它，让它来帮助你促成眼前的交易。

有一次，罗斯正在向一些运输从业者，展示一种高质量机油，一切都很顺利，观众也都很专心。罗斯拿着两支各装不同质量机油的试管，每一支试管都用橡胶垫封住开口。当罗斯把试管倒立过来比较机油滑落的速度时，没想到两支试管的橡胶垫却同时脱落，一时间机油洒满讲台，罗斯也弄得全身上下都是机油，而他手中还高高举着两支空空的试管。

结果如何？罗斯看着他们，他们也看着罗斯，罗斯看到角落处有位观众的嘴角突然抽动了一下，接着罗斯大笑出来。罗斯站在台上大笑，全屋子的观众也跟着大笑。他们的笑声实在太吵，害得会议中心的值班经理以为发生什么意外，迅速跑来，从门缝中查看究竟是怎么回事。

罗斯当时如果用很正经的态度来处理，这就会变成一场很失败的展示会。出了这么大的糗事，罗斯还能大笑出来，显示罗斯不是很在乎这个小意外，所以观众也不会觉得陷入窘境。

有时候，如果你遇到很糟糕的情况或意外时，大笑一番往往是替自己解围的好方法。观众一定知道这是意外，而且，他们也可借此机会知道你是不是一个碰到突发情况便手足无措的人。

在日常工作中，推销员所接触的客户很复杂、很广泛，他们有不同的籍贯、性别、年龄、宗教信仰，有不同的知识水平、思想观念、社会阅历、生活习惯和交往礼节。在推销交往过程中，推销员首先要认真观察对方的特点，掌握对方风土人情、生活习俗，了解社会各阶层的知识水准和涵养，以适应不同客户的具体要求。

有时候，在推销产品的过程中会出现因为话题中断或无法进行导致的沉默局面。作为推销员，应尽量避免这种情形。

但当这种局面出现时，你切不可感到浑身不自在，应坦然视之，并找些你熟悉的话题向客户提问，把推销活动继续下去。或者干脆直接谈："看来，这个问题已经谈得差不多了。如果你有什么新的想法，待会儿咱们再补充。"

"现在，你是否认为应该讨论下一个问题了？"这样直说，会让客户以为的确到了该换话题的时候了，而不会以为你没有话讲。

妙语点评

意外是不可避免的，但意外的情况并不都是坏事。面临突发事件时，你首先要做的就是保持冷静，善于应变。随机应变的技巧是没有什么定式的，主要的原则就是在突发的事情面前沉着处理，避开和化解不利因素，抓住有利因素，使意外事件不影响成交，甚至能促成交易。要知道，你的应变态度将决定客户对你的产品的信任度。一个遇事慌乱、穷于应付的推销员怎么能博得客户的好感甚至信任呢？你的推销事业又何谈成功呢？

一对多时误认目标

面对众多客户时，要知道你的目标在哪里。

营销事典

杰克是一家软件公司的推销员。一天，他按事先约定去当地一家金融营销公司作拜访。这是一家颇具规模的公司，二十几层的办公楼非常气派。杰克向前台小姐说明来意，小姐便领他到会客室。一推门，杰克的眼睛便有点不够用。"上帝，怎么会这么多人？"原来公司开发部经理和十几名员工刚刚开完例会，一听软件公司的人来了，大家都想看看这家软件公司又开发出了什么软件，和自己现在用的软件有什么不同。

杰克赶紧对众人说："下午好，各位！"然后他开始拿出名片准备与对方经理交换，但前台小姐未作介绍，会客室中的人只是一齐打量他，也没有人先站出来和他说话。他看到最左边站着一位30多岁、身材魁梧的男士，而那位男士似乎也正想问什么。于是杰克紧走两步上前，将自己的名片递给对方，"您好，先生，我想……"

"对不起，先生，你是××公司的吧？我们经理说了，你们公司新开发了一种软件，她很感兴趣……"说着，他对中间的一位年轻女士做了一个抱歉的手势，说，"珍妮，这位小伙子大概把我误认为是这儿的主管了……"

杰克一时大为窘迫。

杰克错在先拿出名片，又自作主张，误以为那位男士是主管。想想看吧，这种尴尬会直接影响到会谈的气氛。

正确做法：

当面对一群客户，一时又难以辨明谁是其中真正的决策者时，不要直接盲目发问。按进来的前后顺序逐次打招呼及寒暄。如果是3个人同时站在你面前，你可不要给弄糊涂了。要先跟你正面的那一位打招呼，然后再跟你左右的人打招呼。

不要莽撞地行动。首先笑脸相迎，不要急于拿出自己的名片。一般来说，对方地位高的人会首先拿出名片。

如果3个人同时拿出名片递给你，那么首先把自己的名片交给离你最近的那个人，这样比较自然，对方也挑不出什么毛病来。就座之后，将对方的名片按其就座的位置依次放在桌子前面，这有利于你快速记住对方的职务和姓名。

面对众多客户时，你应该集中精力主攻决策者，而不必过分重视其他非主要决策者的意见。

当然，在和对方寒暄或闲聊时，应该选择一些对方几个人共同感兴趣的话题，譬如当看到墙壁上挂着的字画时，就不要问对方："您喜欢绘画吗？"因为一般说来，你对面的这几个人都喜欢绘画的可能性很小。

同时和几位客户商谈而恰好对方又都不太爱讲话时，那你必须积极发言；假如对方至少有一位爱说话，你可说"真有意思""后来怎么样了"等随声附和的话，同时不断地将谈话引申。不过不要忘记自己也要准备一两个话题，一旦冷场能马上运用。

人数一多，客套的时间也会用得比较多，须等告一段落（开场白）后再转入正式的话题。

妙语点评

面对客户群时，不要因为对方"人多势众"而乱了手脚，更不要贸然行动而认错目标。作为一名推销员，要作好"舌战群儒"的准备。这个时候，你的心态要稳，应变能力要强，口才更要好！

没记住客户的名字

准确地说出客户的名字是对客户的一种尊重。赚钱靠人缘，记住客户的名字就是无形的财富。

🔲 营销事典

一位推销员急匆匆地走进一家公司，找到经理室敲门后进屋。

"您好，戴维斯先生。我叫查理，是××公司的推销员，今天特来拜访。"

"查理先生，你找错人了吧？我是史密斯，不是戴维斯。"

"噢，对不起。我没听清楚您秘书的话。我想向您介绍一下我们公司的彩色复印机。"

"我们现在还用不着彩色复印机，即使买了，一年也用不上几次，没多大用处。"

"是这样。我们还有别的型号的复印机，这是产品介绍资料。"他将印刷品放到桌上，"这些请您看一下，有关介绍很详细。"

"抱歉，我对这些不感兴趣。"史密斯说完，双手一摊，示意推销员走人。

正确做法：

在正式推销之前，推销员应当了解客户各方面的情况。

客户的名字是什么？怎样读？怎样写？

客户的家庭状况如何？他或她结婚没有？有子女吗？子女多大？在哪儿上学？

客户参加了什么团体或组织？担任什么职务？

客户在公司里的职位是什么？他或她作决策时的自信程度如何？

而其中最基本的一点则是记住客户的名字。

试想一下，当你拿起一张包括自己在内的集体照时，你先看谁呢？无疑，一定先看自己。

再比如，在学校里，每当会考成绩发榜时，你先寻找谁的名字呢？不用说，一定先找自己的大名。

还有，我们到风景区游览时，经常会在石头上或树干上发现"××到此一游"的刻字。为什么这种现象屡禁不止呢？就是因为一些人希望别人知道他们，记住他们，而留下名字就是最好的证明。

有一位美容店的老板说："在我们店里，凡是第二次上门的，我们规定不能只说'请进'，而要说：'请进！××小姐／太太。'所以，只要客户来过一次，我们就会将其资料存入档案，要全店人员必须记住她的尊姓大名。"

美容店如此重视客户的姓名，使客户感到备受尊重，走进店里颇有宾至如归之感。因此，老主顾越来越多，生意也愈加兴隆了。

安德鲁·卡内基被人誉为"钢铁大王"，但他本人对钢铁生产所知无几。他致富的原因之一就是他知道怎样利用客户的名字来赢得客户的好感。

有一次为了竞标太平洋铁路公司的卧车合约，卡内基与竞争对手布尔门铁路公司不断削价火拼，双方似均已无利可图告终。

不久，卡内基与布尔门都到纽约去见太平洋铁路公司的董事，他们在饭店门口巧遇了。

卡内基对布尔门说："我们这不都在作践自己吗？"

布尔门说："你话中何意呢？"

卡内基向布尔门陈述恶性竞争的坏处，并提议彼此不计前嫌，希望携手合作。布尔门认为有点道理，但仍不能完全接受。

布尔门突然向卡内基问道："如果我们合作的话，新公司的名称叫什么好呢？"

卡内基果断地回答："当然要叫布尔门卧车公司啦！"卡内基的回答使布尔门的双眼顿时发亮，两人很快就达成了合作的协议。

又比如，他想把钢轨出售给宾夕法尼亚铁路公司，当时那家公司的总裁是齐·埃德加·汤姆森，卡内基就在匹兹堡造一座大型钢铁厂，并取名为"埃德加·汤姆森钢铁厂"。这样，当宾夕法尼亚铁路公司需要钢轨的时候，就只从卡内基的那家钢铁厂购买。

卡内基这一套"尊重别人姓名"的本事使他无往不胜、生意兴隆，最后建立了他的钢铁王国。

成功学大师戴尔·卡耐基说："一种最简单但又最重要的获取别人好感的方法，就是牢记他或她的名字。"我们在牢记别人姓名之前，应先牢记这句话。

在任何语言中，对任何一个人而言，最动听、最重要的字眼就是他的名字。

当你走在陌生人群中，突然听到有人呼唤你的名字，什么感受？兴奋！即使这个能叫出你名字的人是曾经向你推销过某种商品的人，这丝毫不影响你的愉快情绪，只能加深对他的好感。这种推销技巧被人们叫做记名推销法则。

要牢记人名，可参考下面4个方法：

1. 用心仔细听

把记别人姓名当成重要的事。每当认识新朋友时，一方面用心注意听，一方面牢牢记住。若听不清对方的大名，立刻再问一次："您能再重复一遍吗？"如果还不确定，那就再来一遍："不好意思，您能告诉我如何拼写的吗？"切记！每一个人对自己名字的重视程度绝对超出你的想象！对于别人想正确记住自己名字的态度肯定是很欢迎的。

2. 利用笔记，帮助记忆

别太信任自己的记忆力，在取得对方名片之后，必须把他的特征、嗜好、专长、生日等信息写在名片背后，以帮助自己记忆。当然，若是能配合照片另制成资料卡，则更为理想。

3. 重复记忆

也许你也有过这样的情况：新介绍给你的人不过 10 分钟就忘了他的名字；如果不重复几遍，就会记不住。

因此，在初次谈话中，应多叫几次对方的大名。如果对方的姓名很少见或很奇特，不妨请教其写法与取名的经过。"莫斯拉夫先生，您是否出生在费城？"此种以姓名为话题的处理方式，更能加深印象，有助于记住对方。

4. 运用有趣的联想

这是利用对方的特征、个性以及名字的谐音产生联想、帮助记忆的方法。

妙语点评

只要用心去记，不断地重复，记住并准确地说出客户的姓名并不难。如果你能够尊重并牢记别人的姓名，就表示你在乎他，这不但能帮你建立起良好的人际关系，而且对业务的拓展也大有帮助。

没能激发客户的潜在需求

准客户有时是被创造出来的。

▣　营销事典

一位办公设备推销员去拜访他的一位客户，这位客户正在机房里复印文件。推销员向他打招呼：

"您好！这么忙啊！"

客户回答："是啊，这个破复印机，复印速度太慢，浪费了我不少的时间。"

推销员忽然眼前一亮，这不是客户表述的一种需求吗？为什么不抓住这个机遇。于是，他忙不迭地说："我们公司有一种新型复印机，速度很快，一分钟能达到30页，保证能满足您的需要。"

像往常一样，客户的态度不冷不热，一副很随意的样子："那么，你的复印机是什么牌子？你的复印机耗材成本如何？你的复印机复印效果如何？你的复印机操作是否方便？"

推销员并不介意他的这种态度，他拿出那种新型复印机的说明书，准备详细地给这位客户介绍一下，"我们这种复印机——"

这时候，客户的复印工作已经结束了，于是，他打断推销员的话说："我要开始工作了，谢谢你的介绍。不过，我虽然对它的速度不甚满意，可是它的复印效果还是不错的，暂时还不准备换掉它。"

推销员很沮丧，难道自己捕捉到的需求信息是错误的吗？难道他只是抱怨而已吗？难道他只是拿这个作为一种聊天的主题吗？最后他判断这位客户只是在抱怨，而根本没有换一台复印机的意思。

对于推销员来讲，遇到的客户80%以上是并没有明确需求的客户。所以，推销员一个很重要的工作就是引导和激发客户，让其潜在的需求变成明确的需求。

那么，首先就要明确哪些是潜在需求，哪些才是明确的需求。

"我现在使用的 ×× 产品速度有些慢……"

"我们公司的 ×× 产品一直有些问题……"

"我现在使用的产品使我的工作效率很低……"

"我公司的 ×× 部门一直想解决 ×× 难题……"

"这里的空白令我很头疼……"

从上面的几句话中，敏锐的推销员应该能够探出客户可能需要你为他做点什么，但是此时客户心里也不明确需不需要你为他做什么。

"我想……"

"我希望……"

"我要……"

"我正在找……"

"我们对……很感兴趣。"

"我期望……"

以上几句话，客户则主动表达出要求解决问题的愿望或需要的帮助。

在分析了客户需求后，推销员要做的工作是把客户的潜在需求转换为明确需求，接下来就可以推荐产品了。但在这个时候，有些推销员往往会陷入一个误区，那就是不等弄清楚客户的明确需求时，便开始推荐产品。

前面的案例即犯了这种错误。

对有些客户而言，他们会很清楚自己到底想要什么；而对另外一些客户而言，他们并不一定清楚什么产品对自己是最合适的。例如，一个客户说："我需要一台笔记本电脑。"他表达的是明确的需求还是潜在的需求？当然是明确的需求。但到底什么样的笔记本电脑是最适合他的，这一点他并不一定知道。所以，当专业的推销员遇到对自己的需求并不清楚的客户时，他们可以利用专业领域的知识帮助客户作出正确的选择。而这个时候，他们是在为客户创造价值。

正确做法：

1. 引导客户发现问题

当推销员获知了客户的基本需求之后，需要知道客户现在对企业产品应用方面的态度，尤其是不满的地方，这样有助于将来进一步激发客户的明确需求。

"对现有的软件您最不满意的地方在哪里？"

"工作中的哪些事情使您很头疼？"

"哪些事情占用了您太多的时间？"

2. 激发客户需求

当推销员发现了客户对现状的不满之后，通过提出激发需求的问题可以将客户的这些不满明确化，从而引起客户的高度重视，以提高客户解决这类问题的紧迫性。

"这些问题对您有什么影响？"

"您如何看待这一问题？"

"您和您的同事的工作效率因此受到很大影响了吗？"

3. 将客户的需求具体化

这时客户表达的已经是明确的需求了，推销员应尽可能多地了解客户的具体需求，同时也要知道需求产生的原因，以便有针对性地介绍企业的产品。

"我想更多地了解您的需要。您能告诉我您理想中的软件是什么样子吗？"

"我们软件的主要特点是可靠、全面、快速、易管理，您最感兴趣的是哪一点？为什么？"

"除了这一点外，您还对哪些方面感兴趣呢？"

"您是已经有了一个具体意向呢，还是需要我为您推荐？"

"您希望用什么样的软件？这对您为什么很重要？"

……

4. 向客户请教

推销员利用向客户请教问题的方法来引发客户的明确需求。

有些人好为人师，总喜欢指导、教育别人，或显示自己。推销员有意找一些不懂的问题，或装作不懂地向客户请教，一般客户是不会拒绝虚心讨教的推销员的。如：

"在计算机方面您可是专家。这是我公司研制的新型电脑，请您指导，看看它在设计方面还存在什么问题。"受到这番赞美，对方就不会接过电脑资料信手翻翻，而他一旦被电脑先进的技术性能所吸引，推销便大功告成。

5. 向客户提供信息

推销员向客户提供一些对客户有帮助的信息，如市场行情、新技术、新产品知识等，会引发客户的明确需求。这就需要推销员站到客户的立场上，这样才能将他的潜在需求转换成明确需求。为客户着想，尽量多阅读报刊，掌握市场动态，充实自己，把自己训练成为本行业的专家。客户或许对推销员应付了事，可是对专家则是非常尊重的。如你对客户说："我在某某刊物上看到一项新的技术发明，觉得对贵厂很有用。"

推销员为客户提供信息，在关心客户利益的同时，也获得了客户的尊敬与好感。

妙语点评

推销员面对一位潜在客户时，必须清楚地了解自己和客户的行为方式是什么。

要使自己的行为恰如其分地适合客户的需要。推销员要学会用客户希望被对待的方式去对待他，用客户希望的方式向他们出售商品，要学会调整自己的推销风格以及时机选择、信息陈述的方式，以便使自己的行为适合于对方。推销员应了解客户购买欲的程度，因为客户对商品欲望的高低直接影响推销员工作的成败。

不会建销售网

建推销网让你的推销道路越来越顺。

◫ 营销事典

鲍伯准备和吉纳斯公司老总吉纳斯聊一聊投资的问题。

于是，他事先作了充分的准备。他了解到吉纳斯专门从事干燥层，也就是下甲板制造和木隔墙建造。已近中年的吉纳斯事业有成，春风得意，并且很喜欢风险投资。

了解了这些，鲍伯信心十足地上门拜访吉纳斯。吉纳斯的态度很友善，但当鲍伯说明来意时，他却果断地说："您要跟我谈投资的话，我没兴趣。"

鲍伯神态自若地说："不，这不是您想要说的。大家都知道，您是个风险投资商。"

"的确如此，但是我根本没听过你的名字，你拿什么让我信任你呢？"

"您可以看我的投资评估报告。我在您之前已经为好几个人做过这些了。"

"那么都有谁呢？"

"比如米丽、詹姆斯……"

"我怎么从没听说过这些人。既然你做过很多次，那么，你帮我介绍几个人行吗？"

"那当然，您说。"

"银行家斯柯、金融界的凯瑟隆、纽约证券所的葛莱梅……"

"等等，先生，我想您弄错了什么，我们不是谈这些，我们应该谈……"

吉纳斯打断他，语重心长地说："小伙子，你没有自己的交际网络，怎么作投资呢？"

乔·吉拉德说："买我汽车的客户都会帮我推销。"

在生意成交之后，吉拉德总是把一套名片和"猎犬计划"的说明书交给客户。说明书告诉客户，如果他介绍别人来买车，成交之后，每辆车他会得到25美元的酬劳。以后至少每年他会收到吉拉德的一封附有"猎犬计划"的信件，提醒他吉拉德的承诺仍然有效。

如果吉拉德发现客户是一位领导人物，其他人会听他的话，那么，吉拉德会更加努力促成交易，并设法让其成为"猎犬"。

吉拉德说，银行的贷款员、汽车厂的修理人员、处理汽车赔损的保险公司职员，这些人天天都能接触到有意购买新车的客户，他们是有价值的介绍人。

吉拉德绝对讲信用，只要有人介绍生意给他，他一定要付给介绍人25美元。他的原则是：宁可错付50人，也不要漏掉一个该付给他钱的人。

也有一些介绍人不愿意赚这25美元，坚决不收这笔钱，认为收了钱心里就会不舒服。这时，吉拉德就会送他们一份礼物，或者请他们吃一顿饭。

1976年，"猎犬计划"为他带来了150笔生意，约占总交易额的1/3。吉拉德为"猎犬计划"付出了1400美元的酬金，却收获了75000美元的佣金。

正确做法：

1.连环式推销，后劲无穷

连环式介绍是成功销售的关键。当然，对于新手来说，由别人介绍来的生意不会很多，这就意味着你要花许多时间向不是他人介绍来的潜在买主进行推销。但到了一定的时间，给你介绍生意的人会逐渐多起来。

建立起一个满意的客户网要付出很大的努力。但是，如果你有个很好的计划，并坚定地执行这个计划，那么你的连环式推销网不但会形成，而且会比你预想的要快。

比如你将你的产品推销给一个客户之后可以问上一句："您的朋友也许需要这件产品，您能帮助联系或者推荐一下吗？"

2.主动提出推荐要求

如果你的客户很满意，那就是你请他帮你推荐买主的好时机。

你应当问他，是否认识其他对该产品感兴趣的人，问他你是否可以利用这些关系。

"你说你每个星期三晚上要去打保龄球，你觉得你那些伙伴会不会对这样的机会感兴趣？"

如果你有礼貌地提出请求，他们总会提供给你一两个名字；但如果他们不肯，不要一味坚持，换个时间再谈。

你应当趁客户的热情仍然存在时，在同一天或第二天拜访他介绍给你的客户。

你的朋友向你介绍了新客户后，无论结果如何你都要告诉朋友一声，这是最起码的礼貌。朋友相信你，你应该有个回音，如果成功了，你告诉他，他会为你高兴；如果失败了，你告诉他，他会帮你再想办法的。

如果你连这点起码的礼貌都做不到，那就会得罪人。人家可能永远都不提此事，但会把这事搁在心里。有人给你介绍新客户，你就处于两个人之间，弄不好你就会得罪两个人。

3. 赢得推荐的技巧

如果你问："你有没有朋友想买汽车或电脑？"对方最可能的回答是"没有"或"目前没有"。

你问得太笼统，让他一时想不起来所有认识的人，更别说那些人对你的产品是不是有需要了。

你必须引导他去想。

推销员："汤姆，你一定想赶快试试（我卖给）你的新滑雪装备吧？"

汤姆："嗯，我和朋友约好周四去滑雪，我想它一定很棒。"

推销员："你的朋友拥有自己的滑雪装备吗？"

汤姆："不，他用租的。"

推销员："你想他很快就会有兴趣买一套吗？"

汤姆："我想会的。他虽然才学，却已经很入迷了。"

推销员："你介意我记下他的名字吗？我想打电话给他，看看我能否为他做点什么。"

汤姆："没问题，他叫 ××。"

推销员："你有他的电话号码吗？"

汤姆："我一时记不起来。不过，他就住在小镇上的枫树街。"

推销员："（写下资料）谢谢。其他的朋友怎么样，他们的滑雪装备都还行吧？"

妙语点评

为什么有人说推销是先难后易的事呢？因为当你的人脉建立起来以后，好多人就会帮你了。这是你成为顶尖推销员的关键。建立你的人脉推销网络，是你一开始就应该做的工作，而且在你整个推销生涯中都要去做好这件事。

第四章

你在说服沟通中最可能犯的 12 个错误

没能赢得客户好感

情感推销是最高超的推销术，赢得了客户的好感，你的营销也就成功了一半。

营销事典

弗兰克第三次去这位老教授家了，他们的前几次接触双方都感觉很好。

这一次，当弗兰克问他能不能去拜访他时，老教授很痛快就答应了。弗兰克也充满了自信。

他哼着小曲很随意地进了老教授的房间。老教授今天的脸色好像不太好，弗兰克关切地问：

"您身体还好吧？"

"还好，还不能死呢，还有一些架没吵完呢。"

"这是谁这么没素质，和您这样文雅的老教授吵架？太过分了，您告诉我，我可以帮助您出气去。"

"我那老伴。哎，我这日子可是没法过了。"

"是您老伴，不用搭理她，女人，没什么正经事。"

正在这时，老教授的老伴出来了，她愤怒地说：

"你说谁呢？你是谁？我们之间的事不用你来说，你出去。"

说完将弗兰克推出了门外，老教授的门永远地向弗兰克关闭了。

弗兰克在与老教授的交谈中，忘了最重要的细节——老教授的家事，自己怎么能随便发表看法呢？即使在不得不面对这一类问题时，也只能从中劝解，既要从老教授的角度考虑，也要照顾到案例中老教授的老伴的情绪。

一般来说，客户既然已经和弗兰克接触了 3 次了，应该是对他很有好感。他能痛快地答应弗兰克，也许只是想和他聊聊天，这时候弗兰克只要将老教授从这个苦恼中拉出来，换一个轻松愉悦的话题，那么什么问题都迎刃而解了。可是弗兰克不但没这样做，反而将自己也陷了进去。

推销员有两个目标：一是达成交易，二是与客户建立关系。前一个目标是关心销售，后一个目标是关心客户。

不同的推销员对客户和销售的关心程度不同，从而可把推销员分成 5 种类型：一是事不关己型。推销员既不关心销售，也不关心客户。二是客户导向型。推销员只关心客户而不关心销售。三是强销导向型。推销员只关心销售而不关心客户。四是推销技术导向型。推销员对客户和销售保持适度关心。五是解决问题导向型。推销员对客户和销售保持高度关心。

实践证明，既关心销售又关心客户的推销员，其销售效果最好。在推销效果上，解决问题导向型比推销技术导向型高 3 倍，比强销导向型高 7.5 倍，比客户导向型高 9 倍，比事不关己型高 75 倍。

正确做法：

1. 认真准备与客户交往中的话题

推销员要与形形色色的客户打交道，就必须要有适合多种多样客户的丰富话题。推销员反复拜访某一位客户，每次都提供一个具有魅力的话题并非易事。如果准备不充分，就会出现冷场。所以，日本一位销售专家提出，推销员应具备 30 种左右的话题。

话题可以是多种多样的，以下话题在推销场合比较合适而且非常有效：

气候、季节、节假日、近况、纪念、爱好、同乡、同学、同行、新闻、人性、旅行、食物、生日、经历、传说、传统、天灾、电视、家庭、电影、戏剧、公司、汽车、健康、经济、艺术、技能、趣味、姓名、前辈、工作、时装、出身、住房、家常。

2. 选择令客户愉快的话题

推销员谈一些令客户愉快的话题，从而创造出一种有利于推销的融洽气氛，是一个十分有效的策略。推销员在选择话题时，必须要选择对方感兴趣的话题。在推销中，最重要的是客户而不是推销员自己。自己感兴趣的事不能提，而客户感兴趣的事不能不提。

3. 认真倾听客户谈话

就推销而言，善听比善说更重要。

推销员成为客户的忠实听众，客户就会把你视为知己。反之，推销员对客户谈话心不在焉，或冒昧打断客户谈话，或一味地啰啰唆唆，不给客户发表意见的机会，就会引起客户的反感。推销员可以从客户的述说中把握客户的心理，知道客户需要什么、关心什么、担心什么。推销员了解客户心理，就会增加说服的针对性，减少或避免失误。话说得太多，总会说出蠢话来。少说多听是避免失误的好方法。

4. 将客户从苦恼中拉出来

有些客户只将推销员作为倾诉的对象，他可能没完没了地将自己的苦闷说出来。这时候，推销员应该能够掌握住听的火候，即能适当截住客户的话，将他从这种苦闷中拉出来，并将自己事先准备好的适合他目前情况的话题拿出来，与他谈一些使他愉快的事情。

妙语点评

在推销实践中，优秀的推销员都十分重视与客户建立良好的感情关系。客户是人不是机器，推销员应对"人"字抱有无限的敬意。一个不重视人际关系、不让客户喜欢、不善于与客户沟通感情的人，是无法在推销行业中生存的。

与客户发生争执

和客户争执是最愚蠢的做法，千万要避免。

🔲 营销事典

推销员："您好，我想同您商量有关您昨天来陈列室看过的那张矫形床的事。您认为这种床如何？"

客户："我觉得这种床太硬。"

推销员："您觉得这床太硬吗？"

客户："是的，我并不要求它是张弹簧垫，但它躺上去似乎实在太硬了。"

推销员："我还没弄明白。您不是跟我讲您的背部目前需要有东西支撑吗？"

客户："对，不过我担心床如果太硬，对我病情所造成的危害将不亚于软床。"

推销员："可是您开始不是认为这床很适合您吗，怎么过了一天就不适合了呢？"

客户："我不太喜欢，从各个方面都觉得不太适合。"

推销员："可是您的病很需要这种床配合治疗。"

客户："我有治疗医生，这你不用操心。"

推销员："我觉得你需要我们的矫形顾问医生的指导。"

客户："我不需要，你明白吗？"

推销员："你这个人怎么……"

这位推销员推销矫形床，首先面对的肯定是客户的病情，说话不慎就很可能触动客户的伤疤，让他不愉快，那么即使他非常需要也不愿意与你成交。客户提出异议，意味着他需要更多的信息。一旦与客户发生争执、拿出各种各样的理由来压服客户时，推销员即使在争论中取胜，也将彻底失去成交的机会。

为了使推销有效益，推销员必须尽力克制情绪，要具备忍耐力，要不惜任何代价避免发生争执。不管争执的结果是输是赢，一旦发生，双方交谈的注意力就要转移，而客户由于与你发生争执而变得异常冲动，是不可能有心情与你谈生意的。争执会带来心理上的障碍，而且必然会使你无法达到自己的目的。

你千万不能直截了当地反驳客户。假如你很清楚客户讲的某些话是不真实的，就应采用转折法。首先，你要同意对方的观点，因为反驳会令对方存有戒心；然后，你要以一种合作的态度来阐明你的观点。

另外，推销员在遣词用句方面要特别留意，态度要诚恳，对事不对人，切勿伤害了客户的自尊心，并要让客户感受到你的专业与敬业。

非常奇怪的是，人们常常只对对方的言行产生反应。两个人常常陷入类似口角的对话，但实际上目的性很不明确。他们彼此都对某个问题存有异议，但话题却又围着这个问题打转，简直像是在寻求协议一样。每一方都坚守自己的论点驳斥对方，并且根本不想作任何改变。

正确做法：

1. 让客户说话

让他说清楚他拒绝的理由。

客户提出的意见，让你能判断客户是否有需要。

客户提出的意见，让你能了解客户对你的建议的接受程度。

如果客户说了几句，推销员就还以一大堆反驳的话，不仅打断了客户的讲话使客户感到生气，而且还会向对方透露出许多情报。当对方掌握了这些信息后，推销员就处在不利的地位，客户便会想出许多拒绝购买的理由，结果当然就不可能达成交易。

2. 判断这种"不喜欢"是否与自己的产品或者推销方式有关

客户提出的异议，让你能获得更多的讯息。你要能根据这些讯息进行判断。

对于异议可分 3 个方面：

（1）真实的异议。客户表示目前没有需要，或对你的产品不满意，或者对你的产品抱有偏见。例如："从朋友处听到你的产品容易出故障。"面对这样真实的异议，你必须视状况决定采取立刻处理或延后处理的策略。

（2）假的异议。客户可能会提出很多异议，但这些异议并不是他们真正在意的地方，如"这件衣服是去年流行的款式，已过时了""这车子的外观不如流线型"……虽然听起来是一项异议，但不是客户真正的异议。

（3）隐藏的异议。隐藏的异议指客户并不把真正的异议提出，而是提出各种假的异议，目的是要借此假象，达成隐藏解决异议的有利环境。例如客户希望降价，但却提出其他如品质、外观、颜色等异议，以降低产品的价值，从而达到降价的目的。

3. 调动客户的积极情绪

例如：给予补偿。

每个人都喜欢"免费的午餐"，赠品就是利用人们的这种心理进行推销。很少有人会拒绝免费的东西，推销员用赠品作敲门砖，既新鲜又实用。

妙语点评

无谓的争论又能解决什么问题呢，须知客户才是你的衣食父母，因为争论而失去客户是最得不偿失的。争论或许是不可避免的，但同时我们要做到灵活多变，才能有效化解来自客户的种种异议。

不会运用"勿失良机"

给客户制造紧迫感，促使客户当即购买。

▣ 营销事典

某医药厂刚刚生产了一种最新药品，而且疗效确实不错，詹姆应聘当了这个厂家的药品推销员。在他大致了解了一些关于药品的性质、效果及市场行情之后，便开始了他的推销。

这时，有人来看他的商品。由于是一种新药，客户还不敢肯定这种药品的效果，他只是在电视、报纸上的广告中得知了药品的一些大致情况。

詹姆便这么介绍说："这药是新产品，但通过了专家们的鉴定，并经过了国家质量认证。"

客户说："那它刚上市，我哪能知道它的疗效，光听电视广告上说它好。"

"已经有用户使用了，并给我们写来了感谢信呢！"

"以后再说吧！我要看你的这种药品反响如何。"

对于推销员来说，有时存在一个时间的期限问题。

时间的期限本是日常生活的一部分。上班要遵守时间，火车要按照时刻表进出站，租约要依双方协定执行，月底要把该付的账单付掉。任何人都很难逃脱时间的控制，对期限的反应也几乎成了自发性的动作。

最后期限到了，客户就不得不作出决定。

这就要求：

（1）抓住对方成交心理，使其产生心理压力；

（2）不要贪得无厌，应作出适当的让步；

（3）坚持用客观条件说服对方，使其心悦诚服；

（4）不要趾高气扬、以势压人。

最后机会成交法利用了人们对机会限制的紧张心理。它的优点是：可以造成很有利的成交气氛；可以把客户的注意力集中到成交上，使客户产生一种内在式的成交压力；可以限制成交内容及成交条件，达成一种心理紧迫感，使客户在一定范围内快速地作出决定，较快成交；可以形成交叉推销感染力，如告诉客户，"这批货卖得很快，这是最后一批货"等，客户会产生这个企业不错等联想，有时会促成大笔交易。

最后机会成交法的缺点：一是可能使推销的最后机会丧失。以各种限制条件及限制内容向客户进行最后机会提示，无疑是向客户发出最后通牒，可能会使推销员失去最后的推销机会，因此一定要慎用。二是不适当地向客户发出最后机会提示，会使推销员威信丧失。

正确做法：

1. 故意给客户造成一种"勿失良机"的紧迫感

"这药是某厂家的最新产品，由于疗效不错，刚投入市场便受到了专家和用户们的普遍好评。它对治疗 ×× 病确有很好的效果。现在厂家已经收到了许多使用这种药品而病愈的用户的感谢信，他们都充分肯定了这种药的作用。"

用这一段话，首先把客户吸引住，然后再向他强调现在就应抓住时机购买：

"现在，这种药刚上市就有了这么好的效果，您能保证它以后不会被假冒伪劣商品冲击吗？现在某种东西一旦出了名，立即就会出现许多假冒的同种商品，到时您就真伪难辨，想买也买不到了。趁现在刚上市不会有假冒的商品，赶紧把自己多年的病给治了，您说不对吗？"

至此，客户还有什么可犹豫的呢？

2. 特别的时机进行特别的推销

情人节的前几天，一位推销员写信推销化妆品——这位推销员并没有意识到再过两天就是情人节。

发出的信很少得到回执。在为数不多的回信中，这位推销员偶然发现一位男客户半开玩笑地写道："我太太不在家。"

这可是一个不太妙的信号，再说下去可能就不像话了。忽然，推销员无意中看见不远处街道拐角的鲜花店门口有一招牌，上面写着"送给情人的礼物——红玫瑰"。这位推销员灵机一动，又给这位先生写了一封信，说道："先生，情人节马上就要到了，不知您是否已经给您太太买了礼物？我想，如果您送一套化妆品给您太太，她一定非常高兴。"这时，这位客户也许会眼睛一亮。

"每位男士都希望自己的太太是最漂亮的，我想您也不例外。"

"礼物是不计价钱的。"

于是一套很贵的化妆品就推销出去了。后来这位推销员如法炮制，成功推销出了数套化妆品。

3. 制造竞争心理

比如当你向年轻人推销商品时，就可以抓住年轻人的心理状态，这样告诉他："这种商品最适合年轻人，而现在的老年人由于思想还跟不上社会的变化节奏，已经明显地落后了。他们不懂年轻人的心，不理解现在的社会，因此对现在的一些新事物就无法接受。青春易逝，我们一定要充分利用这大好年华做一些有意义的事情。就像这种商品，它将给您的生活带来蓬勃向上的青春气息和现代生活的快节奏，从中您还可感受到多彩的世界，甚至有时可从中得到一些生活的灵感。"

妙语点评

在你的推销中，多说一些类似"就剩这些了""这是最后一点"的话，能刺激客户对商品的占有欲，使客户在不知不觉中认为现在不必需的东西也值得买下来。就是这种制造竞争心理的方法，能让推销员取得更多的业绩。

忽视沟通技巧

灵活的沟通和对话技巧是成功说服的关键。

营销事典

一个领带推销员在旅馆的柜台旁见到一位先生：

推销员："对不起，先生……"

客户："唔？你是谁？"

推销员："我叫本·多弗……"

客户："你是干什么的？有什么不妥吗？"

推销员："哦，不，先生，没那回事。我是爱美领带公司的。"

客户："什么？"

推销员："爱美领带公司。我注意到你没系领带。"

客户："你没看错。"

推销员："我能冒昧问一下为什么吗？"

客户："当然，我就不喜欢这东西。"

（推销员从箱子里抽出一条样品。）

推销员："我这里有一条正好可以配你这身衣服。"

客户："也许是吧，可我并不需要。家里大概有50条了。你看，我不是本地人，至少现在还不是。公司把我调过来，我是趁周末出来找房子的，找房子用不着领带。"

推销员："啊，让我成为第一个欢迎你到本地来的人吧！你是从哪儿来？"

客户："佐治亚州阿森斯，道格斯棒球队的故乡，也是世界上最好的社交城市。"

推销员："真的？"

客户："那当然。我一下班就把领带取下来，换上牛仔裤和T恤衫，先去打个把小时棒球开开心，晚上再出去玩。"

推销员："听起来挺有意思。不过说到领带……"

客户："不，我觉得并非如此。"

推销员："这个星期大减价，才12美元一条，不过我今天可以以10美元卖给你。它配你的上衣很合适。"

客户："不，我今天不买。跟你谈谈还真有意思，不过我得上楼回房间去了。今天一整天我都不舒服，而且很累，也不知是怎么回事，和我以前的感觉不大一样。不管怎样，我得休息一下了。今天晚上我想放松放松，在房间里安安静静地喝它12罐啤酒。"

推销员："这么说，你对我的领带毫无兴趣？"

客户："没有。再见……"

只要能开始谈话，就有成功的希望，如果只是你推销你的，他娱乐（他把与你的谈话作为娱乐）他的，那么你们是没办法沟通好的。

在沟通中，由于信息不全不得不作各种假设。但永远不要迷信你的假设。它们可能是对的，也可能是错的，假设会愚弄我们大家。因为我们常常以为了解了事情的全部真相，但其实不然。

假设可能会引导我们走入错误的方向，它们可能会使买方高价买入事实上只要低价就可以买到的东西，也会诱使卖方将货物低价卖出。假设诱使谈判者相信这个价钱就是最后的价钱，不能再讨价还价了，其实不然，只要有耐心，仍可和对方商谈下去。所以，参加一次谈判，若不先将自己的各项假设重新检验一番，就会处处碰壁。必须尽最大的努力去评估对方可能要做的事情，以及他所愿意冒险的程度。同时，还要去推敲哪一项是对方用来作决定的标准。但你在做这一切时，务必记住，这一切仅仅是为对方所作的假设而已。所有的假设在证实之前，既不能说是对的，也不能说是错的，只是假设而已。

正确做法：

1. 安全的答话

要回答好对方的提问，基本的原则就是作好准备，考虑的时间越多，所得到的答案就越好。

回答问题之前，要给自己一些思考的时间。在未完全了解问题之前，千万不要回答，要知道有些问题并不值得回答。有时候回答整个问题，不如只回答问题的某一部分。逃避问题的方法是：顾左右而言他。找一些合适的理由，暂时拖延，让对方阐明他自己的问题。倘若有人打岔，就姑且让他打扰一下。

谈判时，针对问题的答案并不一定就是最好的回答。它们可能是愚蠢的回答，所以不要在这上面花费工夫。

回答问题的要诀在于知道该说什么和不该说什么，而不必考虑所回答的是否应题。

2. 有效的提问

有效的提问可以启发心智，引导买方和卖方更加积极地参加谈判。怎样才能提出一个好的问题呢？

可以借鉴下述建议：

（1）不要提出有敌意的问题。

（2）不要提出表示对方不诚实的问题。

（3）即使你急着想要提出问题，也不要停止倾听对方的谈话。把问题先写下来，等待适宜的时机再提出来。

（4）不要以法官的态度来质问对方。

（5）不要随便提出问题，必须审时度事。

（6）不要故意提出一些问题，来表示你多么聪明。

（7）在对方答复完毕以前，不要提出你的问题。

（8）要预先准备好你的问题。

（9）要有勇气提出某些看起来似乎很愚蠢的问题。

（10）要有勇气提出对方可能回避的问题，从中得到暗示。

（11）要有勇气询问对方的业务状况。

（12）提出某些你已经知道答案的问题，可以以此了解对方的诚实程度。

3. 投石问路

投石问路技巧可使买方获得更多的通常不易获得的信息资料。以下是买方可用的一些"石头"：

（1）假如我们订货的数量加倍或者减半呢？

（2）假如我们和你签订一年的合同呢？

（3）假如我们将保证金减少或增加呢？

（4）假如我们自己供给材料呢？

（5）假如我们自己供给工具呢？

（6）假如我们让你在今年的淡季接下这项订单呢？

（7）假如我们自己提供技术援助呢？

（8）假如我们买下你全部的产品呢？

（9）假如我们改变一下合同的形态呢？

（10）假如我们改变一下规格，就像这个样子呢？

（11）假如我们要分期付款呢？

任何一块"石头"都能得到回音，卖方作出不同程度的回应，使买方进一步了解卖主的商业习惯和动机。

4. 推销自己观点的技巧

少说多听。如果对方希望表现自己，你就尽量保持沉默并且倾听，等你发表意见时，他也就会欣然聆听。

不要急着说出你自己的观点。一般说来，最好能够先让对方说出他的观点，然后再发表你的意见。

当你了解了对方的目的和处境后，最好再复述一遍。因为人们都喜欢自己为人所了解。复述对方的观点，会使你更注意地听，并可以帮助你使用他的话说出你自己的观点。要抓住重点牢记在心，避免争论时遗忘了它们。

5. 削弱消极信息

在和客户谈判之前，先写下自己产品和其他竞争品的优点和缺点。

记下一切你所能想到的，包括可能被买方挑剔的产品缺点或服务不周之处。

推销员在推销前尽量提出反对的意见。针对这些反对意见，找到回答的办法，以免到时慌乱。

当客户提出某项反对意见时，也就为推销员提供了一种消极的信息，你要在回答之前了解问题的症结。

等了解问题症结后，试着权衡一下，看看问题是否容易对付。若是容易应付的反对意见，便可以利用现有的证据来加以反驳。

利用反问来回答对方，诱导他回答你"是"。

不要同意客户的反对意见，这样会坚定他的立场。

假如客户提出的反对意见令你非常棘手，那么你就要以可能的语气来回答，然后再指出一些自己产品对客户更有利的优点。

妙语点评

在谈判桌上，即使你千方百计去收集信息，你所收集的信息依然不完全，不能抓住对手的命脉，那么此时你就需要沟通，需要将你所收集的信息转化为有力的攻击武器，唯此，成功才会尾随而来。

被客户的问题套住

善于利用客户的问题来制造自己的销售机会。

▣ 营销事典

一群挪威商人向世界上第一位女大使柯伦泰推销挪威鲱鱼。挪威商人要价高，她出价低。挪威商人深知贸易推销的诀窍，卖方喊价高得出人意料，买方往往不得不水涨船高地调整出价，再和卖方讨价还价。柯伦泰也深深懂得这一"生意经"，于是先承认对方，而后顺水推舟，她说出了两句十分关键的话："好吧，我同意你们提出的价格，如果我们的政府不批准这个价格，我愿意用我自己的工资来支付差额。但这自然要分期支付，可能要支付一辈子。"这两句话在价格问题上起到了决定性的作用，挪威商人面面相觑，然后一致同意将鲱鱼价格降到最低标准。

有时候，客户为了以最低的价位获得你的产品，总是想尽办法提出各种问题，要么是探询你的价格底线，要么顾左右而言他，指出你的产品存在各种缺陷。

这时候，推销员要发动每一根神经，观察、思考其问题的意图何在，巧妙地击破客户为自己设下的陷阱。

当然，能随机应变的推销员需要思维敏捷，善于察言观色，更需要积累经验和不断地总结。

正确做法：

1. 尊重对方的"自我"

每个人都希望自己被重视、被尊重，都有"人敬我一尺，我敬人一丈"的心理。因此，推销中要注意，不论对方说什么，都先予以承认，即使对方说的不是事实，只是他个人的误解，也不必一口否定。倾听别人谈话时，脸上应该挂着微笑。

承认对方是一种礼仪，在承认之后，一句"但是"便可以扭转话题，提出你自己的立场，所以不必担心"承认"的后果真如你所"承认"的那样，这也便是"承认"的妙处所在了。

2. 接下客户的问题

（1）检验问题是否真的存在。一般来讲，预算总是有弹性的。

（2）在推销之前，多准备几套计划，以备不时之需。

（3）如果你不能立即回答对方的问题，可以明白告诉他，让我好好想想。

（4）弄清客户意图。

别忘了，推销员在接住问题球时，实际上也逮住了一个机会，因为，他大可借此向客户推销另一种符合他们需要，并且利润较原先更高的产品。不过，若想两全其美，推销员最好在推销开始之前即扪心自问："万一客户把问题丢给我，我该怎么应付呢？"如果应付得当，那买卖双方就能顺利地达成协议了。

3. 顺着客户的问题进行诱导

下面是推销卡车的例子。

卖方："我们有，你们需要的卡车。"

买方："吨位多少？"

卖方："4 吨。"

买方："我们需要两吨的。"

卖方："4 吨有什么不好呢？万一货多，不是更合适吗？"

买方："我们也得算经济账啊，这样吧，以后我们要时，再通知你……"

于此，双方只能说"再会"了。

但如果改用下面的诱导方法，结局会大不相同。

卖方："你们运的货平均每次重量是多少呢？"

买方："很难说，大致两吨吧。"

卖方："有时多，有时少，是吗？"

买方："是的。"

卖方："究竟需要哪种型号的卡车，一方面要看你运什么货，一方面要考虑在什么路上行驶，对吗？"

买方："对，不过……"

卖方："假如你在坡路上行驶，而且你那里冬季比较长，这时汽车的机器和车身受的压力是不是比正常情况大一些？"

买方："是的。"

卖方："你们冬天出车的次数比夏天多吧？"

买方："是的。我们夏天生意不太兴隆，出车次数少。"

卖方："有时货物太多，又在冬天的坡路上行驶，汽车不是经常会处于超负荷状态吗？"

买方："对，那是事实。"

卖方："你在决定车的型号时，是不是留了余地？"

买方："你的意思是？"

卖方："从长远利益看，怎样才能算买了辆值得的车？"

买方："当然需要看它能使用多长的时间了。"

卖方："一辆车总是满负荷，另一辆车从不过载，你觉得哪一辆车寿命长些？"

买方："当然是马力大、载重量大的了……"

卖方："我们的 4 吨卡车正符合这个要求。"

于是，终于一步一步诱使对方同自己成交。

4. 说明你的利益

你可以强硬地说明你的利益。事实上，一般来说还是强硬一点更好。固守自己的立场并不明智，但坚持自己的利益则是明智之举。对方由于关注他们自身的利益，常常会对达成协议的可能程度抱过于乐观的态度。最明智的解决方法——以对方最小的损失换来你最大的收获——往往都是在你坚持自己的利益时达成协议的。推销者如果能强烈追求自己的利益，常常可以激发出创造性思维，从而提出对双方都有利的解决方法。

妙语点评

在推销过程中，什么情况都可能出现，有时对方为你设置了各种难以逾越的鸿沟，再进攻必然受挫，这时最好的策略就是放弃正面作战，通过回答客户的问题，将问题抛还给他，设法找到对方其他方面的弱点。然后针对其弱点，逐步展开，使对方认识到自己的不足之处，并对你产生信服感；然后你再层层递进，逐步把话引入主题，摆脱掉他的追击，反过来展开全面进攻。对方就会冷静地思考你的观点，也因而易被说服。

不敢拒绝客户的要求

拒绝是推销员的权利，但更需要勇气和技巧。

🖱 营销事典

一次，一家汽车公司的推销员在向一个大买主推销，突然这位客户要求看该汽车公司的成本分析数字，但这些数字是公司的绝密资料，是不能给外人看的。而如果不给这位客人看，势必会影响两家和气，甚至会失掉这位大买主。

这位推销员一下子僵在那儿，他支吾了半天，说："那，那好吧！……可是，这样不行……"

客户看到他犹豫不决的样子，以为他毫无诚意，拂袖而去。

推销员最终失去了这个大客户。

有人在推销中不肯轻易对对手说"不"，怕伤了双方的感情，也怕导致推销失败。尤其对那些急于从推销中获得一点什么的推销者来说，说"是"都来不及，哪里有说"不"的勇气。但是这样小心谨慎的结果，往往使推销失败。因为推销对手一旦发觉你不敢说"不"，马上就会勇气百倍、信心十足，甚至得寸进尺。

一个推销专家说过："推销是满足双方参与彼此需要的合作而利己的过程。在这个过程中，由于每个人的需要不同，因而会呈现出不同的行为表现。虽然我们每个人都希望双方能在谈判桌上配合默契，你一言，我一语，顺利结束，但是推销中毕竟是双方利益冲突居多，彼此不满意的情况时有发生，因此，对于对方提出的不合理条件，就要拒绝它。"

正确做法：

前面那位汽车公司的销售员可以不用"这样不行"之类的话，只要在他的话中婉转地说出"不"的意思就行了，如：

"对不起，连我也无法得到这些数字呀！"

"公司是不容许这样做的，否则我会丢掉饭碗的。"

"公司还未作过此类分析，倘若要作的话，恐怕也得一阵子。"

不论他的话是上述哪一种，知趣的买方听过后肯定就不会再来为难他了。

可以说，一些失败的推销者都忽视了这样一个基本推销准则：说"不"是推销当中的一项权利，对谁都一样！

记住，要想在谈判桌上赢得利益的筹码，就绝对不要放弃说"不"的权利！

那么，怎样才能既不违背你的原则，又能让客户接受你呢？

1. 敢于拒绝

说"不"是需要勇气的，哪怕是在针锋相对、寸步不让的谈判桌上。就像士兵上战场一样，没有牺牲的勇气就不要上！

当然，这并不是说推销者一定要具备好战精神。过于好战和希望受人喜爱一样糟糕。在推销过程中，买卖双方不但要互相竞争，也需要彼此合作。过于好战的人往往不懂得怎样与人合作；而希望受人喜爱的人则尽可能逃避竞争，因为他们不知道怎样开口拒绝他人。

2.委婉地拒绝

巧妙地说"不"，还有以下几种建设性的做法：

用沉默表示"不"；用拖延表示"不"；用推脱表示"不"；用回避表示"不"；用反诘表示"不"；用客气表示"不"；运用那些韵味十足的语句："无可奉告""天知道，你不知道""事实会告诉你的"……

3.选择适当的时机

时机选择得不好，不但达不到说"不"的效果，有时甚至会带来反作用，比如使对方恼羞成怒、拂袖而去放弃交易，这就得不偿失了。

一位律师曾经帮助一名房地产商人进行出租大楼的谈判，由于他知道在何时说"不"以及怎样恰当地说"不"，从而取得了不俗的成果。

当时有两家实力雄厚的大公司对此表示出了浓厚的兴趣，两家公司都希望将公司迁到地理位置较好、内外装修豪华的地方。

律师思考一番后，先给 A 公司的经理打电话说："经理先生，我的委托人经过考虑之后，决定不做这次租赁生意了，希望我们下次合作愉快。"然后，他给 B 公司的老板打了同样的电话。

当天下午，两家公司的老板就同时来到房地产公司，一番议价之后，A、B 两家公司以原准备租用 8 层的价码分别租用了 4 层。很显然，房地产公司的净收入增加了一倍，相应地，该律师的报酬也增加了一倍。

只要你在恰当的时间说了"不"，你就更有可能在成交之际让客户说"是"。

妙语点评

推销中的拒绝并不是一个简单的"不"字所解决得了的。你首先要考虑到如何拒绝才能不影响推销的顺利进行。此外，在推销中知道如何说"不"、知道何时说"不"，还将对你在推销中所处的地位起到调整作用。比如，如果你善于运用此道，就能给对方一种深不可测的感觉，从而对你望而生"畏"，使你在谈判桌上占尽"地利"。

推销时机不当

细心观察、捕捉正确的时机是推销成功的前奏。

▣ 营销事典

某商场在夏初进了一批空调器，但到夏末还未卖完。为了流动资金的周转，商场决定派出推销员以每台不低于 3200 元的价格挨家挨户推销。

有一位叫罗杰斯的推销员积极响应，以极大的热忱投入到推销工作中。

所到之处，他都热情地把空调仔细向买方介绍一通，乐此不疲。开始这一招也起点作用，但后来遇上一位客户——帕克，情况就不一样了。

帕克静静地听完了罗杰斯的介绍，起初一言不发，但后来他针对空调的优点大谈起来："这种空调确实有不少优点。但是，由于它是新产品，质量是否可靠、性能是否优越还很难说。虽说噪音低，但比名牌的噪声大多了，我家有老人，噪音大了会影响休息；虽然不用换电表，但我住的是旧房，电的负荷已经够大的了，若再用这么大功率的空调，会引起麻烦的。而且天气已经降温了，可能这个夏天不会再有高温了。如果买了不用，半年的保修期很快过去了，等于没有保修。"

听了这番挑剔，一向善辩的罗杰斯竟一时哑然，在受到"突袭"的情况下只得降价求售。

原来帕克早就发现了这家商场的空调滞销，一直等待时机准备低价买进。

一次推销需要花费的时间可以是几小时，也可以是几天、几个月甚至几年。每一阶段的时机选择——什么时候和延续多久——通常是显而易见的，正确的时机选择就是依计行事，该做什么就做什么，该怎么做就怎么做。

曾经有一个专门的销售组织通过对几千名推销员的研究，发现好的推销员所遇到的客户严重反对的机会只是差的推销员的1/10。这是因为，优秀的推销员对客户提出的异议不仅能给予比较圆满的答复，而且能选择恰当的时机进行答复。可见，懂得在何时回答客户问题的推销员会取得更大的成绩。

学会选择时机在推销中比其他任何因素都重要，它的作用贯穿于整个推销过程：我们应该何时向对方推销？我们在什么时候向对方提出这个要求才合适？在这个阶段向对方施加压力合适吗？推销到了现在我们是否可以结束了？推销的每一个进程都要在良好的时机下推进，时机把握不得当，你可能还没开始向对方推销就已遭到失败；也许本来你很快就可以与对方达成协议了，但因为你没有把握住时机，你不得不继续讨价还价，由此你的利益又受到损失……所以，时机有可能帮助你赢得推销，也可能使你把整个推销搞得很糟，一切就看你如何把握了。

正确做法：

1.搜集信息

几乎任何一项交易，无论是一笔简单的买卖还是一系列历时多年的复杂行为，都会发出它特有的感觉信号，这种信息任何人都可以提取。

每次推销，它的实际情况——性质、复杂程度以及在进行中所获知的某些信息，都能帮助你了解什么是时机，这个信息要与常识一起应用。

假如你对你的对手一无所知，那么，你们进行一笔交易的谈判所要花的时间必定会长一些。

2. 从客户那里探询

如果你有一个建议，并且相信这个建议对某位特定客户应该是有意义的，那你就去询问他，告诉他你的建议。但要注意要在一个比较有利的时间提出来，你才会因此取得成效。

3. 要有耐心

对于推销者而言，有关时机选择的各个方面，实在没有比耐心更为重要的东西了。正如通常所理解的那样，推销的数字游戏在于你向对方提出了多少个要求，又多少次耐心地向他们重复要求。耐心和坚持不懈是你推销的基本素质。

4. 对形势发展作适当的引导

有些人在了解了推销的必需程序后，就想寻找捷径。因为急于成交，他们总想压缩时间或删掉某些程序，对形势作适当的诱导，可想而知，他们这样必然会给推销带来不愉快的结局。

5. 利用时机

在非上班时间、深夜或周末期间给客户打电话，往往会有较好的效果。你一定要这样开头："这件事太重要了，所以我要在周末告诉你。"

最好的推销时机找到了，接下来的问题是如何用好它，利用它摧垮对手，在最后签字的推销协议上获得最大的利益。

切记：不要把最好的时机弃之一旁，让它无用武之地。

那么，都有哪些时机是推销员可以利用的呢？

1. 利用竞争对手推销失利的时机

别人推销失利时，能为你创造各种各样的机会，你就应该抓住机会，在这个可能成为买主的人对你的竞争对手最感不满时跟他签订一份合同。

2. 利用客户愉快的时机

延长、续订或重新签订合同时，千万不要在这份合同即将期满的时候去做，就如同要与对方达成于己优惠的交易要趁对方高兴时一样，你应该选择对方愉快时去延长或者续订合同。

如果对方得到某个好消息，即使它与你无关，但这也为你提供了一个良好的时机，这时去向他提要求，大多会非常顺利。当然，你的要求不能过分。

3. 花点时间来缓和作决定的难度

时机的选择可以用来缓和要求作出决定的气氛。我们可能希望逼迫对方给出一个答复，而又不能做得使人听起来像是"要么接受，要么放弃，不许讨价还价"。

4. 利用忙人的注意力

比较繁忙的人的注意力持续的时间较短，所以你必须直截了当。与比较繁忙的人交流时你应该少说几句，否则你只会让别人恼怒或心烦。

妙语点评

要在推销过程中选择适当的时机并不是一件容易的事。其实，每天都会有许多意想不到的时机出现在你面前，你并不一定要成为能预知这些良机的先知，但你却必须敏感地捕捉到这些良机。

没有回应客户关注的事项

倾听客户的问题，给予适当的回应。

▣ 营销事典

一位推销员正在向客户推销一种跑鞋。

客户："我需要考虑一下，不过我希望看看你们这种产品有没有比较便宜一点的。"

推销员："我们的产品在性价比上都优于市场上其他产品。你看××跑鞋，价格虽然便宜，但是据消费者反映，质量特别差。"

客户："我觉得你们的产品价格还是高了点。"

推销员："但是我们的质量是一流的。"

有多个方法可以回应客户关注的事项。记着，要针对个别客户调整你的销售方式：如果客户看起来需要详细资料，尽量给他好了；若是价格问题，就直接和其他同类商品的价格比较一下。如果价格是唯一问题，你可以提出一些方法让客户可以轻易地购得他选择的产品，或者协助客户找出其他较便宜的一种。但你首先要确定拥有客户足够的资料，并根据他自己的需求作出最好的选择。

一般说来，客户所关注的事项无非是产品的质量和价格，还有一些服务问题。对这些问题，推销员千万不要置之不理，而应针对这些问题给出合理的解释，否则，你很难说服你的客户。

当客户提出的问题有事实依据时，你应该承认并欣然接受，强力否认事实是不理智的举动。但你要给客户一些补充说明，让他取得心理上的平衡，也就是让他产生两种感觉：

（1）产品的价格与售价一致。

（2）产品的优点对客户是重要的，产品没有的优点对客户而言是较不重要的。

当然，有的客户之所以提出一些异议，他的目的并不在于关注的事项上，而在于产品的价格或单纯是一种推脱之辞，这时推销员就要区别对待。

正确做法：

1. 倾听

对待客户所关注的其他事项一定要有一个好的态度，这一点无论怎么强调都不过分。当客户谈起商品的缺点时，要认真地听，表现出对他们的意见十分关注的神情。

推销员对客户意见的倾听态度越积极，客户对推销员的信任程度就越大；客户的信任程度越大，客户就越乐于接受推销员，推销员推销成功的几率就越高。

2. 在客户异议尚未提出时解答

防患于未然是消除客户异议的最好方法。推销员觉察到客户会关注某种事项或某一方面，最好在客户提出之前就主动提出来并给予解释，这样可使推销员争取主动，先发制人，从而避免因纠正客户看法或反驳客户的意见而引起的不快。

推销员完全有可能预先揣摩到客户异议并抢先处理，因为客户异议的发生有一定的规律性，如推销员在谈论产品的优点时，客户很可能会从最差的方面去琢磨问题。有时客户没有提出异议，但他们的表情、动作以及谈话的用词和声调却有所流露，推销员觉察到这种变化，就可以抢先解答，消除他们的异议。

3. 分析客户真正的需要

你需要小心聆听客户想要的东西，提出问题以确定你真正明了他们的期望是什么，他们的真正意图又是什么。如果他们确实对产品或你的推销存在异议，那么就要认真对待。

4. 回应客户

客户："其实，这正是我要寻找的东西，不过我没有料到它是这么昂贵。"

推销员："我同意，这确实是个不小的数目，不过我们还有另外一种跑鞋相对来说价格比较便宜，因为做那种鞋的料子不需要进口，只用当地材料，质量也不错，要不您试试？"

5. 解决客户的忧虑

客户："我相信妹妹会喜欢这个花瓶。不过，我需要考虑一下。谢谢你的帮忙。"

店员："噢，当然，我明白。其实你不一定要找一个花瓶，还可以考虑其他的商品作为礼物。"

客户："她喜欢收集玻璃艺术品，但我想找一些容易包装的东西，因为我是来旅游的，明天便要乘飞机回家。"

店员："物品可以免费替您包装和安排货运，而且保证它抵达时完整无缺。若有破损，我们可以免费更换。"

客户："下个星期六可以送到吗？那天是她的生日。"

店员："一定可以！其实今天就可以送去，今天下午就会有人来运货……"

6. 忽视法

当推销员拜访零售店的老板时，老板一见到他就说："这次电脑的广告为什么不找国内明星拍，而找国外明星来拍？若是找国内明星的话，我保证早就向你再进货了。"

碰到诸如此类的关注事项，我想你不需要详细地告诉他为什么不找国内明星而找国外明星的理由，因为零售店老板真正的问题恐怕是别的原因，而你要做的只是面带笑容同意他就好。

妙语点评

客户对产品介绍及建议等都有可能因关注一些问题而提出异议。对这些不能置之不理，应给予关注和回答。愈是懂得处理的技巧，你愈能冷静、坦然地解释客户关注的事项。每化解一个异议，就摒除了你与客户的一个障碍，你就愈接近客户。

不能给客户提出好的建议

好的建议使你的努力事半功倍，同时推动你的推销进一步进行。

🖂 营销事典

一位叫麦可的推销员推销砂轮。有一天，他去拜访某一家汽车装配厂的工程师，整个对话过程是这样的：

"亚伯尼先生，我们公司最近发明了一种很奇妙的砂轮。"

"有什么奇妙？它的价格如何？"

"它的价格比你目前所用的那种贵10%，但是……"

"奇妙！真是奇妙！"

"不，先生，它真正奇妙的地方是它的耐久程度，比你目前所用的那种还要延长20%的时间。"

"好吧，我会试用这个新产品一个月，我会把它放在旁边那条小的生产线上。给我送3箱过来，再见。"谈话结束。

月底时，麦可火速赶到那家装配厂，期待得到一笔大订单。他问亚伯尼先生："结果如何呢？我跟你讲的没错吧！这是一个好产品，对不对？"

亚伯尼说："嗯！告诉你，你只对了一半——价格贵 10%，至于耐久度……"

毛病到底出在哪里？

原来，这位亚伯尼的使用方法不对，本来用 4 片砂轮就可以了，而亚伯尼仍然使用 5 片新的产品去磨光车子！

其实，麦可只要费心来跟他说："嗨！亚伯尼，原本车子的每一边你都要使用 5 片砂轮才可以磨到要求的标准，但现在你只要用 4 片就可以了，这种产品比较耐磨一些。"

在一家鞋店，客户挑剔地对老板说："这双鞋子后跟太高了。"老板再拿出一双递给她，她说："这种样式我不喜欢。"老板又拿出一双，她还是莫名其妙地说："我的右脚比较大，很难找到合适的鞋子。"这时，老板才开口说了一声："请等一下！"便转身进到里面，拿出另外一双鞋子说，"我想这双鞋子您一定会满意，请您试穿看看。"客户半信半疑地试穿那双鞋子，果然如老板所说的那样令她非常满意，于是高兴地说："这双鞋子好像专为我做的一样。"便买下带回去了。

建议是推销成交的关键所在，也是达成交易的方案。毕竟你是使用产品的专家，在推销中加入建议方案，会使客户的购买欲望达到最高，他们也许会直接把订单给你。

提出建议方案的最终目的是获得订单。所以，提建议首先要把握的原则是让客户感到满足，让客户感受到需求能被满足，问题能够得到解决。

当客户看完你的产品介绍后，心里有了购买想法，若是你能及时地给客户提供一套适合于解决客户问题的建议方案，无异于帮了客户的大忙。

正确做法：

1. 建议的准备技巧

（1）把握客户的现状；

（2）根据不同客户，分析建议重点；

（3）熟知竞争者的状况；

（4）了解客户的购买程序；

（5）了解客户的决定习惯。

2. 推销现状分析

（1）分析主要的问题点及问题产生的原因；

（2）问题点的分析要依据推销员调查的资料，必要时事先要征得客户相关人员的确认；

（3）问题点必须是客户有兴趣、关心的；

（4）原因的把握要得到客户的认同。

3. 制订一个标准的建议方案

有6个项目是准备一份完整的建议不可缺少的：

（1）主旨；

（2）现状；

（3）建议改善对策；

（4）比较使用前及使用后的差异；

（5）成本效益分析；

（6）结论。

建议方案应从客户企业想要达成的目标着手拟定，在建议方案中应提出达成的目的及优点，同时，应尽可能地简明扼要。

你的对策要能针对问题进行改善，并能清楚地让客户理解，同时还要有具体的资料证明你的对策是可行的。

在建议中，你要比较使用前（现状）及使用（建议方案）后的差别。比较时要提出具体的证明，如目前每日产出 1000 单位，自动化后每日产出 1500 单位，以便客户能客观地判断产生的差异。不过，要注意的一点是：比较时仅提出结果比较，详细原因部分可以用附件说明，以免啰唆。

建议方案的成本计算要正确合理，效益包括有形的效益及无形的效益，有形的效益最好能数值化。效益必须是客户也能认定的。

结论是能提供给客户的特殊利益及效益的汇总，要达成能够要求客户下订单的目的。

妙语点评

当你向你的客户推销产品时，不光要突出产品的优越性，还要在其使用方法等方面提些具体而又实用的建议，使客户感觉到你是他的贴心人，这样他才能放心地购买你的产品。

不善于倾听

倾听是了解客户需要的第一步。

▣ 营销事典

推销员："下午好，先生，我是 ×× 文化公司的推销代表，我们公司刚开发出来一种非常有效的培训课程，这种培训课程对于提高公司员工的素质、提高工作效率大有好处。如果您有兴趣，我想与您约个时间仔细谈一谈有关情况。

"我知道您很忙，因为课程的介绍资料并不能完整地表达出我们课程真正的优点，今天我刚好经过您公司我就把这些资料亲自送到贵公司，只需要占用您 10 分钟的时间来向您作一个详细的介绍。我想这才是最节省您时间的方式。"

潜在客户："对不起，我现在很忙，你先把课程简介放这儿吧，我再主动和你联系。"

"我可以给您作一个介绍。"

"你说得还不够多吗？一会儿我将有个部门会议要开，有个年度计划要做，还要去见我的上司，他正有一肚子的指责准备送给我；而我手下的人呢，人心涣散，互相推脱责任。好了，你还站在这儿干吗？赶紧走吧！"咆哮的客户忽然降低了声调，对推销员说，"走吧，不要来了。"

推销员被客户的这种激动的言词吓呆了，只得匆匆拿起自己的东西走了。

倾听是了解客户需求的第一步。听客户说出他的意愿是决定采取何种推销手段的先决条件，听客户的抱怨更是解决问题、重拾客户对商品信心的关键，由此可知，听比说来得更重要一些。尤其在推销技巧中，这个方法相当重要，因为听听客户想说什么最起码有 3 个优点：

1. 听他说话是代表尊重

尤其是专心地听、努力地听，甚至是聚精会神地听，客户一定会有被尊重的感觉，因此可以拉近彼此之间的距离。

2. 有时间思考

如果推销的说辞只是单方面由推销员来"推"，客户就会不断"退"，推销员越是不断地说很好，客户越觉得烦恼，销售成绩自然不佳。而且推销员强力推荐商品时不断重复的话语，充其量只是在演练先前所学习的说辞而已，并没有时间去思考另一种说法，也无法针对客户的问题加以解答。

如果能让客户说出心中想法，推销员可以利用在一旁倾听的时间空当想其他对策，以使成交的几率增加。

3. 可以反映出客户的困难点

面对面推销时最令人泄气的莫过于客户冷淡的反应与不屑的眼光，这对推销员的信心是一种十分严重的打击。许多客户在问答时只会应付式地说几句客套话，这是因为他担心说出需求后，会被推销员逮住机会而无法脱离，所以客户会在与推销员应对时尽可能地采用能拖就拖、能敷衍就敷衍的策略。要去除这种困扰，只有想办法让客户说，并且在询问的过程中让他务必说出心中的想法及核心的问题，这样才能找到销售的切入点。

正确做法：

1. 了解听者

简介的目的在于推销自己的创意，好让对方乐意接受。除非了解对方在何种状况下才会买你的创意，否则你无法卖出。转换立场，从如何说服对方改为对方在何种状况下乐意听你的，进而乐意采取你的创意。

通过倾听，了解以下一些问题：

对方是如何作决策的？决策的态度如何？决策时考虑哪些条件与要项？负责的范围是什么？决策的权限有多大？是影响决策者还是直接决策者？如果是影响决策者的话，影响哪些人？对主题是否感兴趣？有无障碍？是否有好感？听者的教育背景、社会活动、社会关系、一般形象？沟通时喜欢谈哪些话题？是何种个性？有哪些兴趣？嗜好是什么？政治背景？等在决策的逻辑方面，了解如下问题：

站在对方的立场，通过试想决策的逻辑复查决策的合理性；以对方的职务立场，思考对方有哪些顾虑；决策时需要哪些资料；听者需要领会的内容；创意的动机；为什么会有这样的创意；创意本身的条理性、逻辑性；创意相关事项的关联性；有哪些方面为了采纳创意而受影响，影响的程度如何。

2. 倾听时做到如下几点

（1）做说者的知音。

不要被动倾听，还要主动地反馈，这就需要作出由衷的呼应。在对方说话时，你不时地发出表示听懂或赞同的声音，或有意识地复重某句你认为很重要、很有意思的话。

有时，你一时没有理解对方的话，或者有些疑问，不妨提出一些富有启发性和针对性的问题，对方一般是乐意以更清楚的话语来解释一番的，这样就会把本来比较含糊的思路整理得更明晰了。同时，对方心理上也会觉得你听得很专心，对他的话很重视，会有"酒逢知己千杯少"之感，话题也会谈得更广、更深，更多地表露他的内心。

（2）让说者表达充分。

就一般交谈内容而言，并非总是包含许多信息量的。有时，尤其是一些普通的话题，对你来说知道得已经够多了，可对方却谈兴很浓。这时，出于对客户的尊重，你应该保持耐心，不能表现出不耐的神色。

（3）专注。

当说话者突然问你一些问题和见解时，如果你只是毫无表情地缄默，或者答非所问，对方就会十分难堪和不快，觉得简直是"对牛弹琴"。

（4）沟通。

越是善于耐心倾听他人意见的人，推销成功的可能性就越大，因为聆听是尊重与对方谈话的一种方式。

聆听对方讲话时的声音和内容,并适时给以回应。诸如"嗯嗯""这样子呀""是吗"等等。甚至你在应答时的抑扬顿挫都要配合对方的喜怒哀乐之情。

若有不清楚或不了解的地方,就要马上提出质询。注意询问的声调语气要配合说者的情绪。

表情的呼应要与对方的神情和语言相协调。当一个人说笑话时,你的笑声会增添他的兴致;他说得紧张时,你屏住呼吸则强化了气氛。

在谈判桌上,推销员的表情要自然坦率,不能做作。大惊小怪地做出表情,会使人觉得你太天真无知,乃至滑稽可笑。

妙语点评

成功的推销是一种艺术,一种学会倾听世界上最伟大的声音的艺术。每个人都有听的权利,但你必须学会认真听的技巧。在推销过程中,谈话是在传递信息,听别人谈话是在接受信息。作为推销中的一方,即使在听的时候也应该是主动的。听人谈话,并非只是简单地用耳朵就行了,还要用心去理解,积极地作出各种回应。这不仅是出于礼貌,而且是在调节谈话内容和气氛。

不善于利用客户心理

准确把握客户心理,让客户融入你的销售中。

🔲 营销事典

怀特和夫人在一家百货公司采购圣诞节物品。他们搭电梯至服装层,看到一个模特儿身上穿着漂亮的貂皮大衣。怀特看看皮衣再看看夫人，夫人看看皮衣再看看怀特。虽然彼此都不发一言，但都知道对方的心思。

夫人拉拉大衣的袖子，注视着标签的价格。怀特解开大衣的扣子，检查车线，然后说："亲爱的，这很重要。"之前夫人已经看过价钱，就说："当然是。"便转身走开。

这时候，推销员走了过来，看着怀特夫人对她说：

"夫人，这真是一件漂亮的大衣，不是吗？"

怀特夫人说："当然，我认为你说得很正确。"

推销员："您大概只看到了衣服的价格，其实你再看看，这个牌子是'埃略特'的，您穿上它会显出您的品位和档次，我想您不至于连这些钱也舍不得花吧！"

这时怀特先生在旁边说："钱并不是问题，问题是衣服没有品位和档次！"说完挽起夫人的手走了出去。

下面我们看看另外一种做法的功效：

"让我告诉您应该看的。"推销员很快地打开大衣，"看这个，'埃略特'的标签，当您看到这个牌子，再加上我们公司的声誉，就等于得到了质量保障。这大衣会陪您很长一段时间，它既漂亮又实用。"她把大衣从模特儿身上平稳且轻轻地脱下来。"试穿看看，只是比一比尺寸。"

这样的话，怀特夫人不会接受不了，因为喜欢，她也会同意试穿。当怀特夫人穿上大衣，那么推销员的下一步工作就好做了。只要让她自己感觉一下，让怀特先生欣赏一下，不用推销员说很多话就可以实现销售——在这个时候，推销员的话反而会让客户产生厌烦心理。毕竟，他们不是不喜欢产品，而是在意价格。那么就要顺着他们的心理来说，即谈这个衣服的真实使用价值超越这个标签价格。

结果很明显，怀特夫人会心满意足地买下大衣。把怀特先生的作用放大也是一种方法，因为有时候他可能直接决定了夫人的购买行为。比如，真诚地赞美怀特先生，将他放在高高的台上使其无法让推销员失望。怀特要说服夫人更容易——她愿意"让我为她买下它"。

其实，我们只要抓住客户的心理，不同的客户以不同方式对待，就能突破一些销售方面的局限。

正确做法：

1. 利用虚荣心

每个人都或多或少地存在虚荣心，例如显示自己的地位优势、尊贵的品格、上等的品位等等。推销员要会利用这种虚荣心为自己服务。

2. 利用客户的急迫心情

有一天在南卡罗莱纳州的温斯柏罗·詹姆敲了一户人家的门，试图向他们推销商品。户主安德先生是一位高速公路巡逻警察，开门的是他的太太。

她让詹姆进入屋内，并告诉詹姆说，她的先生和邻居布威先生在后院，她和布威太太乐意看看詹姆的厨具。当詹姆进到屋内后，他鼓励两位太太邀请她们的先生一同来看他的商品，詹姆担保她们的先生也会对商品展示感兴趣，两位太太于是把她们的先生请了进来。

无论如何，要说服男人认真观看商品展示是件极困难的事情。詹姆带着热诚展示他的厨具，以极低的温度用公司厨具煮未加水的苹果，也以他们自家的厨具加水煮一些苹果，然后把最后的差异指出来，令他们印象深刻。然而男士们仍然是一副没兴趣的样子，深恐要掏腰包买下詹姆的厨具。

此时，詹姆知道推销过程并未奏效，因此他清理好厨具，打包妥当，然后向两对夫妻表示很感激他们给予机会展示商品——"原本期望能在今天将产品提供给你们，但未来还有机会。"

结果两位先生即刻对詹姆的厨具表现出高度的兴致，他们俩人同时离开座位，并问詹姆什么时候可以出货。詹姆告诉他们他也无法确定日期，但有货时他会通知他们。他们坚持说："我们怎么知道你不会忘了这件事！"詹姆回答说："为了安全起见，建议你们先付订金，当公司有货时就会送来，但可能要等上 1~3 个月。"

他们俩均热切地从口袋中掏出钱来，预付订金给詹姆。大约在 6 周之后，詹姆将货送到这两户人家。在这整个销售过程中，詹姆所说的都是事实。

妙语点评

客户的购买心态多种多样。不同的环境下人们的购买心态不同，成熟的推销员应该能够掌握各种购买心态，利用这些心态为自己的推销服务。即使不能有效利用这些心态，也应该避免逆客户的心态而动。利用客户的心理时应该采取极具效力的说服客户的方式，而且不能显出很奸诈的样子。推销员必须绝对诚实，并且一直保持诚恳。否则，欺骗的伎俩很可能遭客户拆穿。抓住客户的心理，能让推销员和客户走得更近一些。

不懂得设身处地地为客户考虑

站在对方的角度考虑，你才会使他满意。

营销事典

"史密斯先生，我们现在有个优惠政策，如果您买了我们这种产品，我们可以免费带您出去旅游。"

"你的这些优惠对于我来讲都不需要。我要买这个产品，首先需要的是产品确实适合我们，没有这条，其他的优惠都是假的。价格再低，东西不好也是不行。"

"这个您放心，我们有自己的专业咨询人员，您也可以去接受培训，我们的专业咨询人员可以针对您的情况给您提供您需要的东西。"

"为了购买这种产品我们还要接受培训！即使培训再多，也没有任何意义。"

"我可以向您保证这种产品的确在质量上不存在问题。而且还免费旅游，这是多么好的时机呀，您可不能失去良机。"

"我不需要，我不买。"

史密斯终于坚决地拒绝了这位推销员的推销公关。

当我们分析了案例中影响客户满意的不同因素后，一定会有不同的看法。

影响客户满意的因素有以下 3 个层面：

1. 必须具备因素

必须具备因素指的是客户期望存在的并认为理所当然的那些特性。例如，客户购买桶装水，肯定希望水是纯净的、水桶是整洁的、水被送到家门口等。

由于这些都是客户预期应该有的，因此当没有时，客户就会特别注意它，就会感到恼火和不满意。而即使这些都有了，甚至更好，客户也只有中性的感觉。上面的案例中，产品可能是好产品，但是消费者看不到对它的需求。

2. 越多越好因素

客户对于这种因素有一个较大的感觉范围。如果客户的需求没有得到满足，就会感到失望；如果得到合理的满足，客户不会有什么感觉；但如果商家做得更好，客户会增加满意度。譬如，客户打电话订购桶装水，通常的是6个小时内送到。如果送水公司拖延太久，就会遭抱怨；如果送水公司不快不慢，客户不会有什么反应；如果送水公司反应迅速，在很短时间内送达，客户就会高兴。对于上面的案例中，如果这位推销员能够给史密斯一个明确的介绍，比如说他为什么需要这种产品，从一个专业的角度来帮助客户分析，这样的话，消费者还可能不买吗？

3. 期望之外因素

期望之外因素指的是客户未曾期望，以至于会感到喜出望外的那些特性。因为是期望之外，所以缺少了不会引起任何消极影响，但如果具备，就会产生积极效果，提高客户满意度。如为长期客户定期免费清洗、消毒饮水机，为行动不便的客户安装水桶等。

正确做法：

围绕如何让客户满意，以客户为核心成为了关注的话题。随着时间和环境的不同，服务客户、让其满意被赋予了太多的含义和方式。作为企业来讲，对服务终端的客户即最终消费者是力不从心，因为中间隔着好多层，所以说一个企业要想真正让客户满意，首先要让直接经销商满意，然后将服务逐级传递，这才是真理。

1. 优秀的人品

作营销其实和做人一样，做人要有人品，营销的真实定位就是做人的人品。人品好，朋友自然喜欢；营销定位心口如一，客户自然满意。而在现实营销过程中，确实存在很多这样的推销员：在与客户成交以前，说的比唱得好听，承诺得天花乱坠，而真正钱款一到手，所有的服务开始打折，承诺变成了泡沫，而客户也由上帝变成了奴隶。

这样的推销员往往是短线操作，路子越走越窄，因为世界很小，众口铄金，积毁销骨，负面口碑比什么传得都快。所以要想客户满意，首先取决于推销员承诺的服务能否兑现，如果没有这个前提，再努力也无济于事。

2. 换位思考，明确什么是客户最需要的

你要明白什么是客户最需要的，而不是站在自己的立场上考虑问题。赠送产品、赠送宣传材料、降低价格、派人培训等好多的措施都已经被商家使用，但是客户依然不买我们的账。为什么？这就需要推销员善于观察、体验对方的感受，从对方的角度考虑他们到底需要什么。

也许，前面提到的史密斯先生并不是不需要这种产品，如果这位推销员多学习一些专业知识，从专业的角度告诉客户他为什么需要它，而不是泛泛地告诉他我们那里有咨询员，那样，客户就不会感觉他马上就要挨宰了，也就会接受他的产品。

3. 为对方赢得利益

没有人会和钱过不去，抓住利益就抓住了客户的心。让你的客户感觉你的思路是最好的，确实是需要下一番工夫得来的，而不是敷衍了事。推销员一定要在这方面作出实际的努力，证明自己很重视并且很专业，在细致的分析下，客户最终会认识到推销员的建议是有客观依据的，也就会接受推销员的建议。

4. 做好最基础的服务

切记：做好最基础的服务是获得客户满意的基石。

有一次一个推销员给一个客户发货，可能从登记资料开始就已经笔误了，把客户"张建祥"打成了"张健祥"，货物发出去后，没有几天接到了客户的电话，说名字被写错了，要求退货，因为窥一斑可知全豹，连名字都可以打错，不知道以后其他的服务会不会出错或者

打折。推销员好说歹说，道歉、重发才把事情抹平。

事情并不像行政人员所说的那么简单，马上重发道歉就可以了。客户都是"一朝被蛇咬，十年怕井绳"，以后会越来越小心，甚至有的客户听说赠送小礼物都会拿出来仔细瞧瞧看看有没有质量问题，有问题马上作出反应——你公司说话不算话，以后怎么相信你们呀！所以服务要从最基础的地方兑现，毋因事小而不为。

5. 勤于沟通

养成勤打电话的习惯，你会发现沟通原来是如此重要。市场部或者客服部一般在调度市场的时候，都喜欢跟做得好的市场沟通，因为压力小呀。但是真正需要调度和沟通的偏偏是那些做不好的营销人员，所以服务必须承受压力，要养成定时沟通的习惯。

服务必须形成程序和惯性，想起来的时候热情得像把火，想不起来的时候好像就没有这个客户一样，客户感觉"钱一打，茶就凉"，心情一不好，看什么都别扭，如果稍有问题，不给你找事才怪呢！其实说白了，就是一周一个电话而已。5分钟就够了，差这5分钟吗？其实不然，是你的服务部门没有养成一个良好的习惯。

用制度将习惯政策化，习惯了勤沟通，你会发现一个电话原来那么重要，会解决很多遗留的问题。

妙语点评

让你的客户变成皇帝，是要体现在内心里的。要从思想和规则角度考虑为客户服务，而不仅仅是满足于微笑和促销。你的客户慢慢地也就发生了变化——他们变成了上帝，而你变成了他们心目中的皇帝，这样，成功就距离你不远了。

第五章

你在产品介绍展示中最可能犯的 11 个错误

不强调关键的利益点

让客户明白他在这次消费中的利益点是什么将有助于你的营销成功。

▣ 营销事典

亨利拿着一种新上市的电动剃须刀走进了客户的家门。他仔细地将这种新式电动剃须刀的优良性能都作了介绍。

"剃须刀不就是为了刮掉胡须吗，我的那种旧式剃须刀也可以做到这些，我为什么还要买你这个？"

很显然，客户希望清楚地了解这些产品或者亨利的这种销售主张能够带来什么样的好处。

"我的这种剃须刀要比以前的性能优良很多，你从包装上就能看得出来。"

"你的包装精美跟我有什么关系，包装精美的产品有的是，我为什么要选择你的产品？"

"这种剃须刀很容易操作——"

"容易操作对我有什么好处？我并不觉得我原来的很难操作。"

案例中，"对我有什么好处"就是客户的利益点。

客户最在意的显然是利益而不是特征，特征是利益的支持基础，利益才是客户追求的根本东西。根据对实际的销售行为的观察和统计研究，60%的销售人员经常将特征与利益混为一谈，无法清楚地区分；50%的销售人员在做销售陈述或者说服销售的时候不知道强调关键的利益点。销售人员必须清楚地了解特征与利益的区别，这一点在进行销售陈述和说服销售的时候十分重要。

亨利一味强调这种新式剃须刀好用、性能优良，但是对于客户的信息反馈却不重视，客户一直在问"这跟我有什么关系"，而亨利却对此置若罔闻。这样的营销怎么能赢得消费者的满意呢？当客户明显希望清楚地了解这些产品或者生意主张能够带来什么样的好处的时候，他却喋喋不休地讲述自己的产品包装如何漂亮精美，产品多么容易操作，所以失败是不可避免的。

正确做法：

1. 清楚认识自己的产品

训练有素的销售人员能够清楚知道自己的产品究竟在哪些方面具备优良性能，而不是一味地在一些并不重要的环节上浪费时间。为了能够清楚解释产品或销售计划是如何满足客户的需要，销售人员应该十分熟练地掌握产品的特征可提供的利益。

向用户介绍产品，关键点是使用该产品能给他带来什么好处，哪些好处是他现在正需要的。著名的 FAB 法（功能、特点、利益）广为采用，也就是先向用户介绍某类产品的功能，再介绍产品的特点、优势，接着将产品特点与消费者关注的利益点连起来，最后解答一些技术问题与售后服务问题。

2. 了解客户的关注点

与客户交往中，最难判断的是他们的关注点或利益点。一个好的推销员应该首先弄清楚客户关注什么，你可以通过你的眼睛、嘴巴、耳朵来掌握这些信息。

观察客户，一眼识别客户的层次、素质、需求、喜好等；听客户的叙述，必须给客户表白的时间，要耐心地听——客户没有耐心为你多讲几遍，他们也不会反复强调重点，甚至有些时候他们会隐藏自己的真实需求，这就更需要细心地听；客户只知道他目前需要购买东西解决问题，却不知买什么与怎样做，这就需要推销员担当策划师的角色，为他提供全面、准确、适合的策划方案。推销员要想清楚客户的需求，就需要通过提问、回答，反复深入地了解客户的真实想法，从而给出客户最需要的购买建议，完成销售。

客户的表白、回答都不一定正确，适当的时候，业务员需要实地考察客户状况。比如装修，就需上门考察，再为客户制订装修方案。

3. 主动展示产品的利益点

销售人员直接告诉消费者他们接受产品或促销计划所能带来的利益，当利益能满足该客户的需要时，他多半会同意购买产品或接受提议。

销售人员必须明白一点，即你自己对产品或者促销计划的了解是远远超过采购人员的，因此，你不能因为自己对利益有足够的了解就想当然地推想客户也对此有同等程度的了解。

4. 运用各种方法强调利益点

推销员在实际谈判中需要经常用到的产品的特征要素主要有：品质、味道、包装、颜色、大小、市场占有率、外观、配方、成本、制作程序。

这里面的一些要素可以直接展示给消费者——你的客户，比如说味道，你可以直接让他来闻一下，让他自己感受比你告诉他要直接可信。另外一些他不能体会到的，推销员一定要给他展示，让他有一种豁然开朗的感觉——我就是想要这样的东西。这样，你离成功也就只有一步之遥了。

有些客户直接就告诉你他需要这种产品的哪方面的利益点，比如说，上面的案例中，如果亨利能够告诉客户他的这种剃须刀节省时间，并且无论怎么样操作都不会划伤脸，那么这位客户就应该能够接受了。

妙语点评

销售人员的谈判应该紧紧抓住能够影响客户作出决定的利益点进行集中阐述和重点强调。客户在选购各类产品时，都会有其不变的大方向，顺着大方向去满足客户的要求，能使推销员的展示、介绍更加打动客户的心。

以自我为中心

营销的中心点在于理解客户的消费心理，不在于推销员自己对于产品的理解。

🗇 营销事典

书店里，一对年轻夫妇想给孩子买一些百科读物，推销员过来与他们交谈。以下是当时的谈话摘录。

客户："这套百科全书有些什么特点？"

推销员："你看这套书的装帧是一流的，整套都是这种真皮套封烫金字的装帧，摆在您的书架上非常好看。"

客户："里面有些什么内容？"

推销员："本书内容按字母顺序编排，这样便于资料查找。每幅图片都很漂亮逼真，比如这幅，多美。"

客户："我看得出，不过我想知道的是……"

推销员："我知道您想说什么！本书内容包罗万象，有了这套书您就如同有了一套地图集，而且还是附有详尽地形图的地图集。这对你们一定会有用处。"

客户："我是为孩子买的，让他从现在开始学习一些东西。"

推销员："哦，原来是这样。这套书很适合小孩子的。它有带锁的玻璃门书箱，这样您的孩子就不会将它弄脏，小书箱是随书送的。我可以给您开单了吗？"

（推销员作势要将书打包，给客户开单出货。）

客户："哦，我先考虑考虑。你能不能找出其中的某部分，比如文学部分，让我们了解一下其中的具体内容？"

推销员："本周内我们有一次特别的优惠抽奖活动，现在买说不定还能中奖呢。"

客户："我恐怕不需要了。"

对客户来讲，"值得买的"不如"想要买的"，客户只有明白产品会给自己带来好处才会购买。

在推销时，如果推销员只把注意力放在推销产品上，一心只想把产品推给对方，甚至为了达到目的不择手段，这样，失去的可能比得到的更多，因为你虽然推出了一件产品，但从此失去了一个客户。

上述事例中的这位推销员给客户的感觉是太以自我为中心了，好像他需要的就是客户需要的。他完全站在自己的角度上对产品进行理解，然后将自己的观点强加于客户，让消费者感觉：这样的书是你需要的，而不是我需要的。

正确做法：

1. 要能够倾听

推销员要让客户把话说完。能听到最后才是会听的。不要匆忙打断对方的谈话而插嘴。因为不会倾听，你可能不能理解客户最想要的是什么。

认真倾听需要技巧。推销员要注视对方，眼光和脸部要面向客户，表现出全神贯注的神情。

推销员不可左顾右盼，或死死盯住对方。无论对方谈话内容如何，都不能拉长脸，或露出鄙夷的神态。推销员的身体要向客户方向微微前倾，适当地运用一些表达恳切的微小动作，如点头、微笑、轻声附和等，避免呆若木鸡的神情。

2. 顺着客户的思路介绍产品

影响客户作出消费行为的个体与心理因素是：需要与动机、知觉、学习与记忆、态度、个性、自我概念与生活方式。这些因素不仅影响和在某种程度上决定消费者的决策行为，而且它们对外部环境与营销刺激的影响起放大或抑制作用。

影响消费者行为的环境因素主要有：文化、社会阶层、社会群体、家庭等等。

你的产品可能在很多方面都具有优越性，但是，哪一点是最能打动客户的呢？你要能够从你们的交谈中发现这一点，顺着客户的思路来介绍你的产品，这样客户最容易接受。

妙语点评

推销员在推销的过程中，不要以自我为中心，什么事情都想当然，这样，你可能与客户的理解背道而驰。应该多让客户发表意见，多方探听他的购买欲望；要站在客户的立场上考虑问题、解决问题。

不了解市场行情

了解市场行情，推销员才能永久地保持自己的竞争力。

▣ 营销事典

一位推销员在推销一种新型洗衣粉，他向客户介绍："这种洗衣粉不含杂质和膨胀剂，只凭很少的用量即可洗净衣物，同时洗过的衣物上不会留下洗衣粉的残留物，是货真价实的好东西！"

同时，他还动手作产品示范，来证明他的洗衣粉不会在衣服上留下残留物，并解释说这种残留物即是衣服晒太阳会泛黄的主要原因。

但是他不知道，市场上已经出现了一种洗衣粉，功能类似于他正在推销的这种。

他的客户告诉他：你强调自己的产品不需大量使用就有效，这是省钱，可是××洗衣粉也省钱；你说你的产品不含杂质，洗衣轻松，这是省力，可是××洗衣粉也省力；你说你的产品不留残留物，不会损及衣服，这是品质好，可是××洗衣粉品质也不错。既然如此，我为什么买你的？

推销员首先要洞悉市场行情，如市场上同类商品最低价和最高价是多少，你的买方对所要做的交易有多少热情等。对自己的情况更要胸中有数，如衡量一下自己产品的质量和成本水平，生产能力有多大，次品将怎样处理……

"知己不知彼，一胜一负"，为了立于不败之地，你就应去了解一下竞争对手的企业背景、对手推销队伍的组织情况等，以做到心中有数。

正确做法：

在商务推销中，"眼观六路，耳听八方"非常重要。注意观察同行中谁来抢夺你的生意，收集起他们的情报，问问自己："如果客户不和我做生意，那么他会去找谁呢？是什么吸引他的呢？"

了解竞争对手，也要了解自己的产品在市场上的独占性如何。如果你掌握着垄断权，那就可以说是实力雄厚了。相对抬高卖价或压低买价，对方也只有忍痛服从的份。但是要注意本着互利的原则，不要漫天要价，否则你可能会遭到恶毒的报复，只做"一锤子买卖"的想法会使你名誉扫地，让你永远地失去市场。

假如你的产品不具垄断性，在市场上必定有激烈的竞争等着你去应付，那么就要收集信息，了解竞争对手的报价，研究其产品性能、应用性能、信誉情况，然后突出你的强项，以清晰的利弊对照让你的买主树立一种信念——只有和你做生意，才是最明智的选择。

当客户知道市面上还有其他同类型产品而产生比较心理时，推销员多半会借贬低别人的产品顺势提升自己，但切记在批评别家商品时，千万不要显现出不屑与轻视的神态，否则可能引起客户的反感，直觉你是个主观偏激、不客观公正的人，也就是说，你的批评一定要非常客观而且合理才行。采取公正的数字或者可靠的分析方法加以说明解释，让客户轻易地比较两种商品并选择你的商品，这才是高人一等的说服技巧。

只要在对方心目中你比你的竞争者更有优势，那么再多几个竞争者也无所谓了。

要知道，在市场中，怎样才能突出自己产品的特性，这是推销员最需要做的。

每一样产品皆有其独特之处，这便是它的特性。产品特性包括一些明显可见的东西，如尺码和颜色；或一些不太明显的东西，如原料。

最常见的产品特性有：尺码——体积、重量和容量；颜色和光暗面；款式或型号；出产季节或年份；成分——原料或组成部分；功能——产品做什么或怎样运行；品牌——制造商、生产线或设计师；价格，等等。

就是因为产品的特性，才可以让客户把你推荐的产品从竞争对手的产品或制造商的其他型号的产品中分辨出来。

妙语点评

没有竞争的产品，推销员不会有什么价值。正因为竞争非常激烈，推销员在自己的推销生涯中始终保持竞争力，不断提高竞争力，才更有意义。所以推销员要了解市场行情，做到知己知彼。

无端夸大产品的优点

推销最不好的习惯就是夸大产品优点，你往往会为此付出代价。

营销事典

有一位医生近几年来一直都使用某家药厂的产品。突然有一天，他完全不再使用该药厂研制的产品了。为什么？因为有一位推销员到他的诊所丢下一瓶药丸说："这是你所有气喘病人治愈疾病的良药。"医生很生气地说："你还真有胆量对我这样说，我有一些病人已使用过，一点都无效！"

后来有人问医生："是不是真的完全无效？"

"也不全如此，就解除症状而言，它是蛮有功效的，但是气喘是无法根治的，有太多的因素会使它发作，心理受到影响也可能是发作的因素之一。"

"你希望那位推销员怎么说呢？"

"如果他对我说：'布雷克医生，在病人不知情的情况下所做的大规模实验显示，这种药物对 80% 的气喘患者能有效减轻症状。'我就会阅读那份报告，并增加处方量。老实说，那还算是不错的产品，但为什么他要向我过度吹嘘？"

俗话说得好，"老王卖瓜，自卖自夸"，没有人会说自己的产品不好，就算客户察觉到产品的缺点，也要想办法把商品销售出去。

销售最怕的是被客户找到商品的致命缺点，推销员为了避免客户抓住商品的缺点，必然为商品说好话，但是过度夸耀自己的产品会让客户反感。一方面，对产品市场比你还了解的客户会因此永远地不信任你；另一方面，不知情的客户购买后发现商品达不到你所夸耀的程度会出现抗拒、厌恶的情绪，甚至会因此而投诉你。

在介绍产品的实质性功能方面，一定要实事求是。

推销者不仅要对自己的产品和经营状况了如指掌，而且应该清楚自己提供给对方的建议书各项条款是如何成为对方所需要的而又不是言过其实的，并要把这些用具体的数字清晰地摆出来。"您购买我们公司的产品将为您带来 10 万元的利润。"并随之送过去一张明细分类的数据表来加强你的说服力，如此这般，估计没有哪个购买者会抵抗得住这样的诱惑力。但是你得让你的话具有考证性，而不是让对方抓住把柄。

有些推销员认为只有夸大其词的宣传才能真正打动客户。这种宣传将自己的产品或服务同其他商品或服务进行比较，强调并夸大自己的优点，满足了客户的主要需要。

推销宣传是用来促成交易的，它主要是宣传产品或服务的功能，而不仅仅是对产品作浮夸的介绍。客户更在意的是你的介绍是否真实可靠。

也有的推销员为了掩盖产品缺点而采用浮夸法介绍，这些都是错误的。

正确做法：

下面我们看一下推销员对一种复印机的介绍。

"我们一次可以印出 25 份好的复印品。如果你对复印机的加热系统有所了解，而且控制良好，也许可以再多增加几份，但是不能每次都这样，还是以 25 份为标准。如果你的印量不是很大，这会是很理想的产品。在一般情况下，一次复印 25~30 份，它都能维持高质量的状态，保证在 25 份内都能有高质量的结果。"这样很好，客户得到 25 份的良好影印品，偶尔还可以得到 30 份，他肯定很高兴。

但是，有些推销员大概会这么说："这是非常了不起的产品，一次可印 30 份以上。"客户买了以后，他的印量虽也维持在 25~30 份，但请注意，这位客户却很生气，因为他被推销员的过度吹嘘欺骗了。

如果你不想拿起石头砸自己的脚，就千万不要过度吹嘘。

因此，推销员要注意介绍时应该遵循如下原则：

1. 客观而简单明了

例如：

"这个控制杆可以将窗户打开。"

"这种靠背是尼龙制的，经久耐用。"

"通风系统是由简单的手动操作来控制的。"

这些介绍简单明了，又一下子突出了产品的特性，让客户非常容易接受。

你也不可能仅靠几句好话就能说动客户来买你的产品，产品资料介绍要真实可靠，主要是向客户介绍该产品的特性及功能。

2. 扬长避短

强调自己商品的特色与优点是提升客户认同的主轴，没有商品是十全十美的，对于商品的缺点，推销员要懂得去掩饰，而不是欺骗客户，掩饰只是一种转移想法的技巧。销售的基本原则是，对方没有提到或强调商品缺点就不要画蛇添足地多说话，否则会令自己商品的缺点更突出，影响销售成效。

3. 侧重于客户的受益点

一般来说，客户希望所购买的产品或服务可以提供以下一项或多项功能：

（1）提供基本的卫生需求。

（2）替他们节省时间、力气和金钱。

（3）改善他们的个人形象和身份象征。

（4）提升或保持他们的财物价值。

你首先要知道产品特性能够如何使整体客户收益，然后集中注意那些受个别客户重视的特性。

妙语点评

有些推销员认为他们必须解释产品的一切优势，越详细越好。殊不知，他们简直是在阻止别人买自己的产品。一些推销员作完推销介绍，客户也快表示同意购买的时候，他们却又浮夸起产品的琐碎细节来，结果可想而知！

不了解客户

以客户的兴趣来引导他的购买意愿。

▣ 营销事典

甲公司需要一套计算机软件程序，而此时乙公司正好有这种软件程序。当两方代表坐下来准备谈这项协议时，乙公司代表显然表现得有些趾高气扬。

"坦率地对你们说吧，这套软件我们打算要24万美元！"

此时甲方代表突然暴怒了，脸发红，气变粗，提高嗓门辩解道："你们开什么玩笑，简直疯了，24万美元，是不是天文数字？你认为我是白痴吗？"

这样，双方再没有在谈判桌上讲第二句话。

最难打交道的客户大致有以下几种类型：

1. 强硬型

这种类型的客户总是咄咄逼人，不肯示弱。要么什么也不说，要么干脆一口回绝，绝无回旋余地。即使有时他们口气并不十分坚定，并申明他们会认真考虑你的建议，但事实上，他们一转身就忘。

客户之所以采取如此强硬的战术，一方面是他们还没有对产品产生兴趣，另一方面也可能是其自身的性格原因造成的。

2. 逼迫型

这种类型的客户通常会采用各种各样的方式威胁对方，使对方就范，如利用期限进行逼迫、利用对方的竞争对手进行逼迫、利用拖延战术甚至还会用无中生有的方式进行逼迫。

3. 攻击型

这种类型的客户最大特点是以攻为进和以攻为守，通过猛烈的攻击使对手就范，作出让步，达到自己的目的。

在推销中如果遇到攻击型客户，最好的方法就是避其锋芒，打其要害。

4. 防御型

这种类型的客户一般比较善于回避焦点问题，在经过一定的忍耐和等待之后，会寻找机会一举反攻。当你走上谈判桌，一旦遇上防御型客户，非常有必要搞清对手采取防御战是出于何种原因。

正确做法：

1. 收集情报

在推销中，那个最有资格说"是"或"不"的人往往看上去和其他人没有什么两样。作为一个推销员，必须确认对方的地位、力量及权威。一旦掌握了谁是中心人物，就紧紧地抓住他，了解他的权力范围有多大，然后把这个权力从他那儿拿过来。

这就需要去收集一些情报，提出几个问题，诸如该人的年龄、爱好、兴趣、个人品质，对我方产品的态度，对其他竞争者的态度等。

你还可以采取迂回策略，从他的下层或他的上层人员进攻，"堡垒最易从内部攻破"，让作决策者受到来自自己组织内部的压力。

2. 评估对手

利用你收集来的情报，试着估计一下对方的压力点之所在，如他们不和你做这笔生意，会有什么损失？

也分析一下你自己的推销实力，并且相对于竞争对手把它再增强一点。这包括对方企业的发展计划、对方企业面临的压力与问题、对方企业对我方特定业务的需求、对方企业的竞争对手情况。

3. 提出自己产品能打动客户的功效

例如：

（1）象征地位的效用。

譬如身为董事长，坐的汽车大都是高级的，自己一般拥有别墅；身份是总经理的人，或许他办公桌上要放一个高级的笔记本电脑，如此才可以显示出其地位的不同。达到上述"水准"之后，才会像平常所说的"这才合乎他的身份"或"这才能衬托出他今天的身份和地位"。

（2）衍生利益的效用。

譬如买入防范公害、天灾的机械或设备，农耕操作的机器，或零售贩卖器（如销售冰激凌的机器、自动果汁贩卖机等），买主的愿望是：以数字计算出盈亏之后，若按正常情形进行，预期有增值的利益；换言之，从成本、效益的衡量来说，才是合算的。

客户若从可达效用方面来思考商品，较愿意付出代价。

（3）责任感或成就感的效用。

例如期望用低价格购入品质优异的机器或零件、材料等，便能对公司利益、降低成本有所贡献，从而有升迁的机会，这就是希望满足成就感。

至于各种保险，也因为要获取责任、成就感，所以才订契约的——保险的要求无非是为了家属或公司着想。

妙语点评

你的客户是你的交易伙伴，同时又是你推销工作的"敌对"势力。你要比他自己更详细透彻地了解他，强化他的利益，而弱化敌对利益。

没有事先计划

推销员要对产品知识和客户需要作好充分的准备，要有一个详细的计划。

▣ 营销事典

迈克的公司新开发了一种热水器，可以比普通的热水器节约 20% 的用电量。一天，他在为客户威尔太太作产品演示，威尔太太注意到这款热水器的安装高度要比普通的热水器高一些，便说："这样不太好吧，先生，我家热水器的安装孔都是预置的，如果换用这款产品，我们还得再作调整，这也太麻烦了。"

"这个……嗯……我们公司说……"

迈克有些发窘，他从来没考虑到热水器安装时要注意的问题，他一向觉得那是产品卖出之后的事，与他无关，所以他一向懒得去了解这方面的知识。

在制订不同的推销方案这个问题上，你千万不要自以为是地以为："推销根本不会失败，现在想那么多问题干吗？"对一个试图逃避艰巨的推销准备工作的不合格的推销者而言，这确实是一个极好的借口，但我们应该看到事情的另一面。

在许多情况下，自认为推销不会失败，从而只抱定一种既定的推销目标不放，有时确实也不会造成什么损失，但是，绝大多数的谈判都会按照不同的形式进行，并且时常迟迟无法达成协议。如果你事先没有准备好其他的方案，你很可能被迫接受一项远远低于你满意程度的交易。你会在毫无退路的情况下，切实地感到那种"挥泪大甩卖"

的心理压力。

要想在推销中获得利益，在开始阶段打下一个比较坚定的基础是必不可少的。而在建立这个基础之前，推销员首先要做好扎扎实实的准备工作。

推销员在接触客户之前就要将客户可能会提出的各种拒绝理由列出来，然后考虑一个完善的答复。面对客户的拒绝事前有所准备，就可以做到胸中有数、从容应付。

当你向客户作产品介绍时，整个介绍过程应该是非常有组织的，是事先计划好的。在此过程中你要如何解说介绍，如何带动客户，以及如何让他们参与产品的介绍过程，都应该经过完整的设计和规划。客户对你产品的印象，有 80% 是从你如何介绍、解说你的产品而来，如果你在产品的介绍过程中表现出来的是缺乏知识、毫无组织、杂乱不堪，那么客户会认为你的产品质量低下、品质不佳。

正确做法：

在你的计划中，要确保你的介绍能做到以下几点：

（1）能毫无遗漏地说出客户解决问题及改善现状后的结果；

（2）能让客户相信你能做到你所说的；

（3）让客户感受到你的热诚，感到你愿意站在客户的立场，帮助客户解决问题；

（4）遵循"特性—优点—特殊利益"的陈述原则；

（5）遵循"指出问题或指出改善现状—提供解决问题的对策或改善现状的对策—描绘客户采用后的利益"的陈述顺序。

接下来就要进行事实状况陈述。

所谓事实状况陈述，意指说明产品的原材料、设计、颜色、规格等，也可以说明产品的一些特性。

一般来说，产品介绍都针对对方所提的问题或讲的话进行回答。交谈初期，先向对方如实介绍自己的产品或服务。这时，你已摸清对方的需要，对方亦在考虑是否购买你的产品，同时想了解更详尽的情况。

推销宣传有如下 5 个要点：

（1）对方提问或讲话后，稍作停顿，或重复一遍，这样可以有点时间考虑；

（2）详细介绍一下产品或服务的功能，这是重点；

（3）要提供证据使对方相信产品的优点是真实可信的；

（4）把自己讲过的话归纳一下以突出重点；

（5）证实对方接受了你的宣传，认为你的话合情合理。

当然，这种宣传也不是一成不变的，并非一定要按照前面所讲的几个步骤进行才有效，重要的是要让客户领悟和理解产品功能所带来的好处。仅仅让客户听到你的话是不够的，你要了解自己所销售商品的各方面的知识，并随时去追求与事业、工作有关的技能，这并非为公司而学。第一是为自己的前途打基，第二是为客户而学。学到知识无异于获得财富，永远享用不尽，凭此既可以高高兴兴地完成自己的工作，从而提升自己的社会价值，也可以使自己和家庭的生活更为美满，并得到广大客户的欣赏，自然也令公司得到好处了。

假如产品介绍并未生效该怎么办？

应该重新从另一方面进行宣传，弄清客户的需要，这些需要未必与你根据以往经验想象出来的一样。

妙语点评

的确，推销是打仗，谈判桌是战场。战争讲究"知己知彼，百战不殆"，推销也是如此。这个"知己知彼"，就是准备工作——它的意思是：没有做好充分的准备工作就不要上战场，否则没有好结果。
总之一句话：不要打没把握的仗！

没能让客户亲身感受产品

实际上，产品最有说服力，让客户亲身感受是十分重要的，这样
成交机会更大。

▣ 营销事典

一位推销员正在推销跑步机，可是不知什么原因，一直没有打开
他的产品包装箱，一位客户走了过来。

客户："这些是什么控制按钮？你们没有一种只有简单开关的跑
步机吗？我只想锻炼身体，不想要一部通过阅读说明书才能启动的高
科技器械。"

推销员："其实要学会操作这台跑步机是很容易的，你只需要看
一下操作说明书就行了。"

说着推销员拿出说明书，翻开一页，指着一个图表。

推销员："看！只要按着这里，输入你想锻炼的时间……然后这
部机器就会提示你以下的步骤。它会给你几个选项，每个都提供分量
差不多的锻炼程序，日后你可以逐渐增加速度和延长锻炼时间。或者
如果你喜欢的话，可以慢慢来，暂且选择最基本的来锻炼，让自己轻
松一点。"

客户："这么复杂，我看还是算了。"

推销员要学会利用所推销的产品来引起客户的注意和兴趣，这种

方法的最大特点就是让产品作自我介绍，即用产品自身的魅力来吸引客户。

一位鞋厂推销员把该厂生产的设计新颖、做工考究的皮鞋放到郑州华联商厦经理办公室桌上时，经理不禁眼睛一亮，问："哪产的？多少钱一双？"

广州表壳厂的推销员到上海手表三厂去推销，他们准备了一个产品箱，里面放上制作精美、琳琅满目的新产品，进门后不说太多的话，把箱子打开，一下子就吸引住了客户。

这个道理对于一些不懂得怎样使用某些产品的客户来说尤为重要；当你向客户示范一部录像机可以如何轻易地录下一些电视节目后，客户大多会把它买下来。美容界的顾问知道，如果他们向客户示范使用化妆品或护肤品的正确方法，商品的销路就会好些。倘若你让客户品尝新款食品之余，同时教会他们如何烹调，他们大多也会作出购买的决定。

正确做法：

上面这位推销员只要打开他的产品包装箱，让那位客户亲自操作一下，效果肯定会好得多。

1. 准备好

在你要拿某产品作示范或让客户试用之前，需要小心检查物品是否操作正常。如果客户发现门闩锁不上、蒸煮器具没有蒸汽或者闹钟并不会响闹，都会给他们留下坏印象。

售货员事先应亲自测试有关产品，以掌握它的用法，无需在客户面前逐步摸索。能够毫无遗漏地展示出产品的特性和用处，才不会给客户留下产品难以使用的感觉。你也可能因此得到一些装配或操作上的启示，继而传授给客户。如果你发觉产品并不可以正常操作，你应该找到解决问题的方法，不要让客户带着已损坏的商品回家，然后感觉沮丧。

2. 自己表演

推销员利用各种戏剧性的动作来展示产品的特点，是最能引起客户注意的。

一位消防用品推销员见到客户后，并不急于开口说话，而是从提包里拿出一件防火衣，将其装入一个大纸袋，旋即用火点燃纸袋，等纸袋烧完后，里面的衣服仍完好无损。这一戏剧性的表演使客户产生了极大的兴趣。卖高级领带的售货员光说"这是金牌高级领带"，这没有什么效果，但是，如果把领带揉成一团，再轻易地拉平，说"这是金牌高级领带"，就能给人留下深刻的印象。

3. 注意事项

（1）电器和工具：接通电源，让客户看到又听到产品运作的情形；示范电钻不同的转速，设置时钟的响闹，预设录像程序和重播功能，用微波炉烤几个面包圈让客户品尝。

（2）化妆品和浴室用品：提供一些小巧的样品给客户拿回家试用；开启并注明哪些是可试用的产品样本；建议客户传用你的产品；把淋浴露或淋浴泡沫放进一盆温水中，让客户触摸它的质感或嗅嗅它的香气。

（3）食物：向客户展示怎样使用某种材料烹调一种食品，派发食谱，陈列几款建议的菜肴，并让客户现场品尝。建议如何用某种食品搭配其他菜式，例如，做一顿与众不同的假日大餐，或将它制成适合野餐或其他户外活动享用的食物。

（4）家具：鼓励客户亲身体验。请他们用手触摸家具表面的纤维和木料，坐到椅子上或到床上躺卧一会儿，亲身感受一下；用餐桌布、食具和玻璃器皿布置桌面；整理床铺后，摆放两个有特色的睡枕；书桌上摆放一盏台灯和一些读物；给客户展示如何从沙发床里拖拉出床褥；也可请客户坐到卧椅上，尝试调整它的斜度。

妙语点评

制造商设计并决定产品的特性，只有客户才可以确定它的好处。正因为每个人都有自己独特的需要和爱好，所以你要让你的客户亲身体验一下你的产品的优越性，这样才能让他对产品有一种感性认识。

含糊报价

报价是推销工作中的一项重点，好的报价可以带来更大的成功机会。

▢ 营销事典

杰玛德经过几次拜访，终于与戴维斯先生就购买网络服务器达成了初步意向。这天，他又来到戴维斯的办公室。戴维斯一看到他便说："杰玛德，你来得正是时候，刚才财务部打电话给我，要我把新购设备的报价单给他们传一份过去，他们好考虑一下这笔支出是否合算。"

"这个嘛，你别急，价格上不会太高的，肯定在你们的预算支出之内。"

"杰玛德，财务部的人可是只认数字的，你总应该给我一个准确的数字吧，或者把报价单做一份给我吧。"

"哦，放心好了，戴维斯，顶多几十万，不会太多的。对您这么大的公司来说，这点钱实在不算什么。"

戴维斯闻言十分不悦，说："杰玛德，几十万是什么意思？这也太贵了吧。你怎么连自己产品的价格都如此含混不清呢？看来，我得仔细考虑一下购买网络服务器的事了。"

报价的提出及实现不是孤立的和一厢情愿的问题，是综合了多方面因素和双方条件的结果，因此，所有的谈判者在报价问题上必须采取认真、谨慎的态度，做好各项准备工作。

推销员要全面、准确地掌握报价的依据，掌握交易商品的市场供求和成本情况，做到心中有数，以适应不同订货数量和交货时间下灵活掌握价格的需要；并要掌握对方有关情况从而制订出一个报价最佳方案。

有时推销员对产品的功能、作用、质量了解不多，尤其是对产品的价格构成不甚了解。在客户觉得产品价格较高并提出询问时，推销员不能用足够的证据来说明所定价格的合理性，不能向客户提供与说明价格的构成。推销员的这种模糊的价格意识会对推销产生直接影响。

正确做法：

要掌握报价原则。

1. 科学定价原则

制订一个合理价格是处理好价格问题的基础与前提。在市场经济条件下，产品价格的确定受到多种因素的影响。

这些因素主要有：

（1）产品成本因素。产品的总成本是推销员制订价格的最低经济界线。产品的价格应高于总成本，但价格高于成本比例越大，产生推销价格难题的可能性越大。

（2）竞争对手及竞争态势因素。

（3）产品的市场需求弹性。

（4）市场供求因素。产品的最后成交价格受市场供求的影响。

（5）其他因素。消费心理（购买心理）状态、企业的市场定位与市场经营目标、政府与其他有关管理部门对市场价格实施控制与指导的手段等也是影响定价的重要因素。

推销员应在充分考虑上述因素后，再根据定价策略制订出合理的产品推销价格。

2. 坚信价格原则

推销员必须对价格有信心。推销员定价前应慎重考虑，一旦在充分考虑的基础上确定价格，就应对所制订的价格充满信心。要坚信这个价格是令多方都有利因而都会满意的价格。

3. 先价值后价格的原则

在推销谈判过程中应先讲产品的价值与使用价值，不要先讲价格，不到最后成交时刻不谈价格。

推销员应记住，越迟提出价格问题对推销员就越有利。客户对产品的使用价值越了解，就会对价格问题越不重视。即使是主动上门取货与询问的客户，亦不可马上征询他们对价格的看法。

4. 坚持相对价格的原则

推销员应通过与客户共同比较与计算，使客户相信产品的价格相对于产品的价值是合理的。

相对价格可以从以下几方面证明：相对于购买产品以后的各种利益、好处及需求的满足，推销产品的价格是合理的；相对于产品所需原料的难以获取，相对于产品的加工复杂程度而言，产品的报价是低的；产品在购买初始价格好像是高了点，但相对于产品在使用过程中，由于优质优价而节省的修理费用、修理时间以及由于修理而带来的各种损失而言，产品的报价是低的；相对于推销员所给予客户的各种优惠补偿以及服务等，产品的推销价格是低的；从产品的整体看，由于产品的包装好、品牌好、企业有信誉，所以价格是合理的；虽然从绝对价值看价格好像是高了点，但是每个受益单位所付出的费用相对少了，或者是相对于每个单位产品，价格是低的。

妙语点评

了解公司的价格政策，熟悉市场上竞争产品的价格行情，针对客户的实际需求，同时留出自己的回旋空间，给客户一个合理又能打动他的报价，那么，你离成功推销的目标就很近了。

过多地泄露自己的秘密

推销需要高明的"掩藏术"，切忌凡事实话实说。

▣ 营销事典

经营房地产推销的吉拉德先生有一次承担了一项艰巨的工作。他要推销的那块土地有火车通过，交通便利，却紧邻一家木材加工厂，电动锯木的噪音很大，可噪音并没到难以忍受的地步。

吉拉德先生想起有一位客户想买块土地，其价格标准和地理条件与这块地的情况大体吻合，而且这位客户以前也住在一家工厂附近，整天噪音不绝于耳。于是，吉拉德先生前去拜访这位客户。

"这块土地处于交通便利地段，比其他的土地价格便宜多了。当然，价钱之所以便宜自有它的原因，就是因为它紧邻一家木材工厂，噪音较大。如果您能容忍噪音，那么它的交通地理条件、价格标准均与您希望的非常相符，很适合您购买。"吉拉德先生如实地对那块土地作了介绍。

那位客户立刻摇头道："那不太好，我已经饱受噪音之苦，想清静一阵子。"

"其实，情况并不像您想的那样糟。"

"不行，我不会考虑这样的地方。"

推销员在确认客户不反感商品的某种缺陷后，应委婉地表述，而不是直言泄露自己的秘密。

常识告诉我们：对方知道得愈少，对自己就愈有利。因此，在了解客户的同时，我们还有一件很重要的工作要做，那就是保守自己的某些秘密，不要让它泄露或过早地泄露，以免让对方知道自己的全部实力。否则你会像穿着新装的皇帝一样，在你的客户面前一览无余！

到了今天，几乎每一个企业都被商业间谍所包围。在推销中使用商业间谍是极富诱惑性的，没有任何收益会比这个快。

在推销中商业刺探的诱惑力极大。恐怕没有什么能比这方面产生的利害关系更大，收益更快的了。你可以设想如果买方能刺探出卖主可接受的最低价格有多么重要。对巨额交易来说，这种情报可能值几百万元，而往往获取这一情报的投资不过才几元钱。

所以，我们要时时警惕自己的推销机密被竞争对手窃取。

正确做法：

1. 资料保密

安全要始于资料的保密。资料的收集、分析和保管要建立起严格的规定；资料要在严格的规定下才可以调阅；工作的地方也要在严格控制下才可以接近。合理的安全措施必须能够防止任何形式的渗透。

2. 言谈保密

（1）不要和性格浮躁、嘴不严的人谈及你的推销情况；

（2）不要多嘴多舌；

（3）不要让不必要的人了解你的推销情况；

（4）让那些需要知道的人只知道他应该知道的部分，不要超出这一范围；

（5）不要向对方提供太多数据，除非为了战术上的考虑才显得大方；

（6）不要让太多人知道最终标价。

妙语点评

把实力摆在脸上的人，不是自大狂就是因为过度自卑。在推销中泄露实力是最不可原谅的错误。有一种说法：推销＝智力＋眼力，其关键在于用两种力量掩护自己实力的极限。泄露实力就是把自己的一切像个透明人似的展现在对手面前。

对自己的企业了解不充分

企业是推销员进行推销工作的背景和支持力。

🔲 营销事典

莱思莉·康姬在一家提供运钞车和现金运转服务的公司担任行销和业务部副总裁。她们公司会先去领取客户的钱，然后把钱存到指定的银行。公司是南加州的一个有钱有势人家开的，公司里的高级主管几乎都是这个家族的成员，但莱思莉·康姬除外，她是为数不多的外姓人中的一个。

莱思莉·康姬是一个非常有才华和能力的人，她对她的同事都是一个家族的并没有成见。她认为只要她有能力，公司会认可她的，然而情况并非她想的那样。

一个总部位于西雅图的大客户最近进行了一场并购行动。据估计，新的子公司每年将为她们带来的额外收入可能超过8.5万美元。所以在这个客户移交到莱思莉·康姬手上的时候，她衷心希望能为这个新近并购的公司举办一场说明会，介绍公司能为其效劳的业务。

结果，当莱思莉·康姬打电话向这家公司的秘书表明身份并要求和贝蒂·威尔森小姐说话的时候，秘书却告诉她威尔森小姐当下不方便接电话，稍后会回电话给她。可是莱思莉·康姬却没有接到威尔森小姐的电话，即使她每个礼拜都打电话给威尔森。

一连打了6个月，莱思莉·康姬也没接到威尔森小姐的电话。不过威尔森小姐却跳过她这关，直接和公司里的几位家庭成员接洽。每一次她都对他们说："我希望和你们公司老板级的人物打交道，我可不愿意和你们的部属打交道。"

幸好这个家族对莱思莉·康姬还算信赖，每回威尔森小姐打来电话，他们都告诉她说："康姬小姐是经办贵公司事务的最佳人选。"可是威尔森小姐还是拒绝接听康姬的电话。

有一天下午很晚的时候，莱思莉·康姬又打了一次电话给威尔森小姐。显然她的秘书已经下班了，因为是威尔森小姐亲自接的电话。"嗨！您好！"莱思莉·康姬兴高采烈地和她打招呼，并说，"我是莱思莉·康姬，真高兴终于有机会和您本人通上电话。"

只不过这次通话她们并不愉快。威尔森小姐很唐突地说："我不喜欢你们公司给我的待遇。我和你们公司老板级的人物做生意做了这么多年，我不高兴被你们当做二等客户来看待！"话音刚落，"砰"的一声，她就把电话挂断了！

这个公司展示给外部人的形象就是一个家族企业，像威尔森这样的客户不在少数，她们不信任任何一个家族企业中的外姓人。

其实就做法来说，康姬没有错，只是康姬却不了解自己公司的外在形象，以致阻碍了自己的谈判。

大多数公司都有一系列产品、服务、政策措施，以适应不同的客户需要。当竞争对手提供的产品几乎相同时，对买者来讲，公司的情况比产品情况更重要。客户也许会倾向于购买有良好的声望以及交通较便利的公司的产品。

推销员应该熟悉企业各部门有关人员的情况，如各部门主要负责人是谁，处理相关事务的人是谁，他们的工作风格及个人特征等，以及公司的领导阶层都有谁，每个人的背景如何，他们曾为公司做过什么，他们在本行业中地位如何。这样的话，他们可以有效地帮助你做成生意。因为公司管理人员的名声和意志是产品的坚强后盾。如果高层管理人员名声很差，客户将不愿与这样的公司打交道。

推销员应努力与这些人员建立良好的工作关系，以获得他们的支持和配合。当出现服务方面的问题时，推销员应知道怎样与服务部门的有关人员联系，迅速解决客户的问题；如果客户要求获得技术方面的咨询，推销员应能找到称职的技术人员；如果客户需要在账目上履行一些特别的手续，推销员应能说服财务部门提供客户要求的财务手续；如果货物在运输途中出了问题，推销员应能获得企业储运部门的协作，迅速找到解决问题的办法。因此，有人说，推销员应在企业内建立一个非正式的、庞大的网络，以便使客户更满意，使推销工作更顺利。

正确做法：

1. 了解企业的发展历史

了解企业的发展历史，可以获得许多有价值的资料，其中相当一部分可以用来在客户中树立本企业形象、传播企业的文化。这些资料包括：企业创立的时间与地点，早期的生产规模和产品种类，早期的销售情况，新产品的发明日期和发明过程，企业名称或商标的出处，为企业发展作出贡献的人物等。

2. 了解企业的组织机构与人员

推销员需要与企业内部的多个部门和人员合作，才能顺利完成销售工作。例如，按照订单交货这样一个比较简单的工作环节，就需要销售部门之外的许多部门的配合。订单要经财务部门作相关的账目处理，然后要同储运部门安排具体的运输事宜；如果没有现货，则需由生产部门安排生产。因此，推销员应该熟悉企业的组织机构状况，熟悉每个部门的职责权限和工作程序，这样才能更好地完成工作。

3. 了解企业目前的经营状况

了解企业目前的经营状况，如竞争能力、生产能力、市场占有率、行业地位、销售区域及销售额等。这些情况往往是推销员击败竞争对手的有力手段，也是说服客户的有效工具。

4. 了解企业价格政策

了解企业的价格政策及规定对有效完成推销任务十分必要，因为报价与讨价还价都是由推销员来进行的。

由于企业管理推销活动的方针与方法不同，推销员在价格制订与执行中所起的作用也不一样。有些企业赋予推销员较大的权力与责任，有些企业则要求管理人员较多地过问每笔业务的价格问题，而无论在哪种情况下，推销员的任务都是一样的，那就是：正确理解和执行企业的价格政策，维护企业的利益，同时促进成交，不断扩大产品的销售。

妙语点评

作为一名优秀的推销员，必须了解自己的企业、自己所推销的产品、自己将要面对的竞争者，才能取得成功，才能成为行家里手，才算是一个职业推销员。

介绍没有专业性

成为专家是使客户信服的方法。

▣ 营销事典

一家车行的推销员正在打电话推销一种用涡轮引擎发动的新型汽车。在交谈过程中，他热情激昂地向他的客户介绍这种涡轮引擎发动机的优越性。

他说："在市场上还没有可以与我们这种发动机媲美的，它一上市就受到了人们的欢迎。先生，你为什么不试一试呢？"

对方提出了一个问题："请问汽车的加速性能如何？"

他一下子就愣住了，因为他对这一点不了解。

理所当然，他的推销失败了。

房地产经纪人不必去炫耀自己比别的任何经纪人更熟悉市区地形。事实上，当他带着客户从一个地段到另一个地段到处看房的时候，他的行动已经表明了他对地形的熟悉。当他对一处住宅作详细介绍时，客户就能认识到推销员本人绝不是第一次光临那处房屋。同时，当讨论到抵押问题时，他所具备的财会专业知识也会使客户相信自己能够获得优质的服务。前面这位推销员就是因为没有丰富的知识使自己表现得没有可信性，才使他的推销失败，要想得到回报，你必须努力使自己成为本行业业务方面的行家。

那些定期登门拜访客户的推销员一旦被认为是该领域的专家，那他们的销售额就会大幅度增加。

比如，医生依赖于经验丰富的医疗设备推销代表，这些能够赢得他们信任的代表正是在本行业中成功的人士。

毫无疑问，不管你推销什么，人们都尊重专家型的推销员。在当今的市场上，每个人都愿意和专业人士打交道。一旦你做到了，客户就会耐心地坐下来听你说那些想说的话。这就是创造销售条件、掌握销售控制权最好的方法。

正确做法：

1. 学习知识，拓展自己的认知领域

推销员要想使自己说出的话透出权威的气息，就应当掌握产品知识，具备法律与税务方面的背景知识。因为推销产品常常会涉及很多问题，如房产计划、合作者之间的买卖协议等，所以推销员具备上述领域的知识和能力是至关重要的。尤其是老练的客户，他们更看重推销员的敏锐眼光并且依赖于推销员的权威意见，从而决定怎样买、买多少。

2. 请专业人士帮助自己

有时，你常能看到一位推销员领着上司再次去拜访客户。"这位是我们的地区副总裁托马斯先生，他想和您交换一些您可能感兴趣的意见。"

这是一种"请来专家"的策略，客户也往往愿意听听专家的看法。如果来人名副其实的话，客户不仅愿意倾听，而且愿意作出购买决定。但是，如果来人徒有虚名的话，客户很快就会让他栽一个大跟头！

3. 请教客户

这时只能针对一些不影响自己介绍产品优越性的方面来让客户说

话，否则你就会陷入客户为你布下的陷阱。

自己不了解的，不妨向对方请教这方面的事，这样绝对能让对方高兴起来。毕竟客户也有表现欲，希望能够一展所长，不是吗？

不过，为防客户滔滔不绝地说，推销员有必要控制场面，把对方感兴趣的话题定为"3"，推销方面的话题定为"1"，然后以 3 ：1 的比例互相交谈。

妙语点评

实际上可以说，所有的推销者都要尽力使自己成为产品使用的专家。商业推销中，要求我们在推销前有所准备，只有清楚地了解自己产品的各方面状况，才可能常胜不败。但是，我们也要认识到，对手也在做着同样的工作。我们的知识要多于对手的知识，才能获得客户的认同。

第六章

你在缔结合同时最可能犯的 12 个错误

不能掌握成交的主动权

成交是营销的关键，推销员要能够诱导客户达成交易。

▣ 营销事典

"你也看到了，从各方面来看，我们的产品都比你原来使用的产品要优良得多。对此，你也试用过了，你感觉如何呢？"推销员乔治试图让他的这位客户说出他的购买欲望。

"你的产品确实不错，但是我还是要考虑一下。"

"那么你再考虑一下吧。"乔治没精打采地说道。

当他走出这位客户的门口后，恰巧遇到了他的同事怀特。

"不要进去了，我对他不抱什么希望了。"

"怎么能这样，我们不应该说没希望了。"

"那么你去试试好了。"

怀特满怀信心地进去了，没有几分钟时间，怀特就拿着签好的合同出来了。怀特对满脸惊异的乔治说：

"其实，他已经跟你说了他对你的产品很满意，你只要能掌握主动权，让他按照我们的思路来行动就行了。"

上面的案例中，乔治抱有不良的心理倾向，阻碍成交，具体说，有这么几点：

1. 没有发现成交的信号

当客户说出对产品很满意时，就说明他是非常有希望购买的，只是可能存在这样那样的阻碍，比如说他可能希望再优惠一点，或者说可能需要说服家人等。这时，乔治应该继续跟进，对于客户的要求或者难处做到心中有数。

2.不能主动地向客户提出成交要求

一般来说，客户不会主动提出成交要求，因此，不要等待客户先开口。乔治就是因为等待客户先开口而错失了一次到手的销售机会。有这样一位推销员，他多次前往一家公司推销，一天该公司采购部经理拿出一份早已签好字的合同，推销员愣住了，问客户为何在过了这么长时间以后才决定购买，客户的回答竟是："今天是你第一次要求我们订货。"这个故事说明，绝大多数客户都在等待推销员首先提出成交要求。即使客户主动购买，如果推销员不主动提出成交要求，买卖也难以成交。

3.把客户的一次拒绝视为整个推销失败，放弃继续努力

一次成交失败，并不是整个成交工作的失败，推销员可以通过反复的成交努力来促成最后的交易。在上面的案例中，乔治并没有失败，他只要再跟紧一步就可以了，可是他却将自己的劳动果实拱手让给了怀特。

正确做法：

1.仔细体察客户的意向，掌握成交信号

成交信号指客户通过语言、行动、表情泄露出来的购买意图。客户产生了购买欲望常常不会直言说出，而是不自觉地表露其心迹。客户的购买信号有：

（1）语言信号：客户询问使用方法、售后服务、交货期、交货手续、支付方式、保养方法、使用注意事项、价格、新旧产品比价、竞争对手的产品及交货条件、市场评价等。

（2）动作信号：客户频频点头、端详样品、细看说明书、向推销员方向前倾等。

（3）表情信号：客户紧锁的双眉分开或上扬、深思的样子、神色活跃、态度更加友好、表情变得开朗、自然微笑、客户的眼神及表情很认真等。

2. 主动提出成交，不要害怕拒绝

乔治就是因为害怕提出成交要求后被客户拒绝，才致使他的这次销售以失败告终。一些新推销员甚至对提出成交要求感到不好意思。他们失败的原因仅仅在于没有开口请求客户订货。不提出成交要求，就像你瞄准了目标却没有扣动扳机一样，这是错误的。没有要求就没有成交。客户的拒绝也是正常的事。美国的研究表明，推销员每达成一次交易，至少要受到客户 6 次拒绝。推销员学会接受拒绝，才能最终与客户达成交易。

3. 把握成交机会

客户产生购买意图之时就是良好的成交机会。成交信号是成交时机的表现。推销员一旦发现客户有购买意图，就要迅速地诱导客户作出购买决定，实现交易。当客户对产品感兴趣之时，也就是适当的成交机会。

4. 遭拒绝后寻找别的机会

如果客户拒绝，推销员还可以利用与客户告辞的机会，采取一定的技巧来吸引客户，创造新的成交机会。如一位推销员到一家日化厂推销塑料垫片，眼看客户就要下逐客令了，他有意将自己发明的国际时差钟露出来。这座用各国国旗替代常见的时针分针的挂钟立即吸引了客户，尤其是当客户得知这座钟的设计曾多次获奖并已申请了专利时，顿时对他热情起来，最后这位推销员终于叩开了成功的大门。

妙语点评

推销的目的就在于赢得交易成功。成交是推销员的根本目标，如

果不能达成交易，整个推销活动就是失败的。美国施乐公司前董事长彼德·麦克考芬说，推销员失败的主要原因是不要订单。

追求单赢

别想占尽便宜，要和对手分摊利益。

营销事典

迈克是个俱乐部经理，他想新建一个舞场。他找了一个正想进入建筑行业的承包者。这个承包者愿意为他廉价提供一个优质跳舞场作为开张优待，同时要求在舞场建成后允许别的客户参观、宣传工程质量。迈克怕影响自己的生意而拒绝了。

但是他没想到这个承包商与同行史密斯签了合同，承包商承担了舞场装饰工程的费用。

迈克十分不解地问史密斯如何以如此低廉的价格成交的。

史密斯说："他带客户来参观、宣传也是增加我们的客户群的方法。同时我告诉他，舞场美观对宣扬工程质量有利。于是承包者不仅答应再装饰而且不惜工本地加大装饰。结果我以很优惠的价钱得到一个非常不错的新跳舞场，而承包者也获得了几笔新的生意，这笔交易双方都很满意。"

事实上，占尽便宜几乎是不可能的，而且很容易触怒对手。如果抱着这样的目的去推销，除非对方是逆来顺受的小羊羔，否则不可能成功。

推销就是双方都在测试和运用一种博弈论。在过去，推销是为了追求单赢，即一个人占尽便宜。但是现在大家都意识到，理想的推销结果应是双赢——利益均沾。追求单赢往往只能赢得眼前，却赢不了将来；而追求双赢则既能赢得现在，又能赢得将来。

任何推销的双方都有多种利益。在签订协议时，光有强烈的意愿还不够，更重要的是要达成具体的协议。在此过程中，你得同时满足双方共同的利益。

另外，在判断推销形势时，你容易犯的一个错误是误以为对方与你有着完全相同的利益。具有完全相同的利益几乎是不可能的。

正确做法：

1. 分析双方利益

人们是被利益驱使的。你的推销阵地就是你实现利益的立足点，只有分析双方的利益才能对问题有所帮助。

2. 确定双方期望值

较高的要求也可以，但必须在对方的期望值之内。也就是说，要让对方有利可图。但是，你的要求和对方要求之间差距越大，你发出的信号也应越多。你必须做更多的事使对手靠近你，直到彼此均在对方的期望范围值之内为止。只有这样做，你才能获得成功，否则，你将失望。

3. 退让

在推销中，有时提出一些高要求并坚持的确是值得的，但有的时候，你必须退让。因为你必须意识到获利是你推销的目的，你的要求必须是有限的，它存在一个极限值。如果仅仅考虑自己一方，获利越多越好，而把要求定得过高，则可能使你陷入僵局，对方也会突然撤退，因为他从你这里毫无利益可得，或者获利极少。如果讨价还价有冲突性，即一方的赢利意味着另一方的损失，那么，由这种讨价还价引起的僵局可能会导致一系列严重的后果。

4. 双方达成协议

共同利益与可协调的不同利益是达成协议的基础。

一般而言，我们很容易把握推销阵地，因为它看得见、摸得着，而利益却可能不好表达，无法触摸。

认清对方利益的一个重要方法是找到那些对方本应作出却放弃了的决定，这些决定可能是有利于你的。问问自己对方为什么会放弃这个决定，有什么对他们不利的吗？如果你想改变对方的主意，就要从了解他们现在的想法做起。

妙语点评

专家忠告你，遵守双赢的原则是推销成功的前提。在这个基础上，你才能既赢得现在，又赢得将来！难以想象，一项交易只有某一方获利，而另一方亏损；或者双方都亏损，而交易却能够成功。即使某一方在经济上赔钱，那么，他在某一方面必有所图，这种"另有所求"也是一种利益。互利互惠是商业推销中必须遵循的原则。

强迫成交

不要给客户一种压迫的感觉，那是最让人反感的。

▣ 营销事典

一位推销员正在推销他的防护栏。他看到有一个工地上没有任何防护栏，工程车忙碌着，建筑工人们来回穿梭，而且附近居民竟有好多人来这里散步，一个小孩子在一位老人的带领下在建筑工地附近玩，孩子不由自主地就走了进去，因为他看到了那堆土，他挥舞着小手，兴高采烈地喊着、扬着土。老太太正漫不经心地看着路边的花草。这时，一辆红色运土车飞快地驶了过来，老太太惊呼了一声，步履踉跄地躲开，然而运土车的速度太快了，眼看已经冲到了孩子的面前，这时候推销员一个健步跃了过去，夹起孩子躲开了。此刻运土车也在他们身旁刹住了。

推销员怒不可遏："你们的负责人呢？这么重要的地方居然不加防护栏？小孩子差点儿被你们的运土车撞倒。"

推销员找到了工程的负责人，非常严肃地将刚才的情况叙述了一遍，并且说：

"据你们这儿的居民反映，上个星期三上午8点半左右，你们有部红色推土机就以每小时40公里的速度疾驰而来，把大家都吓死了。虽然没造成什么事故，但是非常危险。我认为你应该在48小时之内在工地四周竖起栅栏，否则，附近的居民都会举报你的，让你们的工程没法进行下去。正好，现在我这里就有一些优质的栅栏，价格也很优惠。你们还是采购一些，提前作好防护。"

负责人好不容易听完了他的一大堆指责，尽管知道自己不对，但是他还是不耐烦地对推销员说：

"你是谁？我凭什么听你的呢？你怎么知道我们没有防护栏，我们的工人正在安装呢。你走吧，别在这里颐指气使，你以为谁会听你的话吗！"

你的客户总是有需要的，但是你要去分析这种需要，再去唤起他们的需求，而不是生硬地将这种需求强加给客户。

一般而言，强迫可能会破坏成交的质量，有时它甚至会阻止一份协议的达成。这一点是不言而喻的，因为人人都有逆反心理。对客户施加影响时要运用非强迫方式，因为强迫会使谈判对手愤怒和受挫的情绪战胜理智，相互理解的可能性变小，有更少的需要和机会进行有效的交流，对方更觉得你不值得信任，对方会觉得他的兴趣和观点已经遭到拒绝。总之，强迫成交会使客户心里不舒服。

人有一个通性，不管有理没理，当自己的做法被别人直接指责时，内心总是不痛快，甚至会被激怒，尤其是遭到一位陌生的销售人员的正面指责。

屡次正面指责客户，会让客户恼羞成怒，就算你说得都对，也没有恶意，价格也公道，还是会引起客户的反感。因此，销售人员最好不要开门见山地直接指责客户的某些行为。

如果客户个人因受到攻击而感到具有威胁，他们的防御心理就会加强，并且不再听推销员说话。以尊重的态度听取客户的意见，礼貌相待，对客户付出的时间和心血表示感激，设法满足他的基本需求，从而显示出你是在帮助他而不是在强迫他。

正确做法：

1. 让客户有满足感

要让你的客户满足，就要给他足够的利益。如果你要说服客户在合同条款上签字，切记要给他足够的利益。

推销的目的在于设法满足各自的利益。如果双方就利益进行沟通，那么得到满足的机会就会增加。

2. 让客户明了你对他利益的重视

我们每个人都会因为太关注自己的利益而忽视了对方的利益。对方如果觉得你了解他，就会更耐心倾听。他们会认为，能了解他们的人都是聪明的和有同情心的人，这种人的意见值得考虑。因此，要别人重视你的利益，就要先显得你重视他们的利益。

3. 保持开放的态度而不是过早下定论

在推销中，一种被广泛运用但十分不好的方式就是，一方在没有进行磋商之前，就单方面把自己锁定在一个特定的解决办法中，坚持只有对方作出变通，协议才能达成。

过早下定论的策略是建立在这样一个基础上的：如果不能按我的方式处理的话，我宁愿不去处理它。为了你能接受我的条件，我要做的一切就是证明我有足够的理由坚持我的立场，以使你确信我是不会改变的。这种理论显然是偏颇的。最有效的替代过早下定论的策略就是在说服中留有余地。

4. 要解决的是一个问题而不是赢得一场比赛

把推销看成一场比赛将导致你强迫别人。很多推销员潜意识中设想他们正在参加一场竞争，有人将会赢，有人将会输，并且在口头上也称之为"赢一场推销"或"输一场推销"。如果推销被当做是一场战争，那么强迫性策略看上去将是首选策略。

与之相对的则是把推销看成是共同解决问题的过程。如果谈判者能把双方看成是一对同事，并且共同努力试图解决一个复杂问题，他们就不可能运用那些可能会破坏合作关系的强迫性策略。

妙语点评

有些场合，你可能因为自己的强硬态度在某一点上赢得了胜利，但却有可能会破坏你们之间已建立起来的相互理解的情感。让你的客户在交易中有一种满足感而不是压迫感，这样你的推销才是成功的。

态度激进

不骄不躁是推销员的基本素质。

☐ 营销事典

某航空公司的代表，正跟来自倍尔特米公司的一些世故的经理进行推销谈判。

很明显，倍尔特米公司的代表有备而来、气势汹汹，在推销一开始就借用图表、电脑图像和种种数字的帮助，说明其价格的合理性。他们念完所有的资料就花了两个半小时。而在这段时间里，航空公司的代表一句也不反驳，默默听着。

倍尔特米公司的代表终于说完了。他们呼出一口气，靠在软软的座椅上，以推销结束的那种语气问："你们认为怎么样？我们是不是可以商谈一下如何合作的问题？我们对这个问题的准备是十分充分的，并且我们在同行业中也是最棒的。"

其中一位航空公司的代表彬彬有礼地浅笑了一下，说道："我们不明白。"

"什么？"倍尔特米公司的代表惊诧地问道，"你们是什么意思？你们不明白什么？"

另一位航空公司的代表又彬彬有礼地答道："全部事情。"

锐气大挫的倍尔特米公司的代表差点儿犯了心脏病。"从什么时候开始？"他们还是勉强挤出这几个字。

"从推销开始的时候。"

倍尔特米公司的代表无奈地苦笑着，但又能怎么样呢？他们泄了气似地靠在椅背上，解开昂贵的领带结，无精打采地问道："好吧，你要我们怎么样？"

"请再重复一遍吧。"

现在航空公司的代表们反过来处在主动地位了，倍尔特米公司代表们起初的那股锐气早已烟消云散了——谁能再一字不漏地重复那堆长达两个半小时的啰唆材料呢？于是倍尔特米公司的开价开始下跌，而且愈来愈不利。

客户对商品欲望的高低直接影响推销工作的成败。因此，在商品推销说明中，应逐步激起客户对商品的拥有欲，并且应该掌握住客户购买欲的程度。

对客户的购买欲掌握得好，可以抓住时机，向他提出成交的请求。比如当客户的购买欲很强时，你就可以直截了当地向他提出成交，这时客户也很高兴，交易一定会成功的。在客户的购买欲不是很高涨时，就应继续进行商品介绍，刺激他的购买欲。反之，若对客户的购买欲掌握得不当，态度激进，就会导致交易失败。当客户对商品表现出很大兴趣时，你却已经毫无兴趣，说服的热情渐渐降温了，那怎么能够成功呢？而当客户对商品还不太了解时，你就跟他谈交易的事，客户能信任你吗？同样不能跟你成交。

为了掌握客户的购买欲，你必须仔细观察客户的表情、话语以及对你所提出的一些试探性问题的回答等，从中你就可以得知客户对你的商品是否有兴趣及兴趣的高低程度。当他对商品的兴趣很高时，必然会产生强烈的购买欲，有经验的推销员一定能发现一些成交信号，此时提出成交，正是时机。

成交信号的表现形式十分复杂，客户有意无意中流露出来的种种言行都可能是明显的成交信号。成交是一种明示行为，而成交信号则是一种行为暗示，即暗示成交的行为和提示。在实际推销工作中，客户往往不首先提出成交，更不愿主动明确地提出成交。客户往往为了保证自己所提出的交易条件，或者为了杀价，即便心里很想成交，也不说出口，似乎先提出成交者一定会吃亏。客户的这种心理状态是业务成交的障碍。不过，客户的成交意向总会通过各种方式表现出来，推销员必须善于观察客户的言行，捕捉各种成交信号，及时促成交易。在实际推销工作中，成交信号取决于一定的推销环境和推销气氛，还取决于客户的购买动机和个人特性。

在推销过程中，你必须准备随时提出一些试探性的问题，看看客户的反应如何。如在推销房屋装修设备时问"您认为该如何布置这房子才算最合理呢""花应放在您家哪个地方最漂亮呢"等问题，就可以随时掌握客户的购买欲望，做到心中有数，这样才能把推销工作按照自己设计的路线走下去，最终达到成交的目的。

正确做法：

1. 观察客户态度

（1）客户的接待态度逐渐转好。

在实际推销工作中，有些客户态度冷淡或拒绝接见推销员，即使勉强接受约见，也是不冷不热，企图让推销员自讨没趣。推销员应该有自己的主见，也要不放弃。一旦客户的接待态度渐渐转好，就表明客户开始注意你的货品，并且产生了一定的兴趣，暗示着客户有成交意向，这一转变就是一种明显的成交信号。

（2）在面谈过程中，客户主动提出更换面谈场所。

一般情况下，客户不会换面谈场所。有时在正式面谈过程中，客户会主动提出更换面谈场所，例如由会客室换进办公室等。这一更换也是一种暗示，是一种有利的成交信号。

（3）在面谈过程中，接见人要主动向推销员介绍该公司负责采购的人员及其他有关人员。

在推销过程中，推销员首先接近的是具有购买决策权的人员及其他有关要人。而这些人并不负责具体的购买事宜，也很少直接参与具体购买条件的商谈。一旦接见人主动向推销员介绍有关采购人员或其他人员，则表明决策人已经作出初步的购买决策，具体事项留待有关人员进一步商谈，这是一种明显的成交信号。

当客户有了进一步的需要时，推销员再见机而动。

2. 探询客户

销售人员：“先生，你先参考一下，看看我们的供货方案优点在哪里，是不是可行。”

用探询的方法看一看客户是否有成交的意向，如果客户对你的态度仍然是不冷不热，那就不要急于成交，这说明你的推销工作仍没做好。

3. 调和双方利益点

要想推销成功，双方必须针对利益——因为只有利益才是联系推销双方的纽带。

调和双方利益而不是调和双方立场，这种方法之所以行之有效，原因有二：第一，任何一种利益都有多种可以满足的方式；第二，在立场背后所存在的共同性利益常常大于冲突性利益。

4. 协助客户达到他的要求

永远不要让客户觉得他们要作出妥协才能成交，或者要接受另一个选择才能成交。你的态度过于急迫同样让他感到压抑。你要明白，如果客户还不能现在就成交，是因为你还没有为他们最初的要求找到完美配对。你要及时解决客户提出的要求，并且要令他们看到那个新加入的选项可以怎样使他们受益。如果没有任何益处，你最好还是协助客户寻找他们需要的，即使那意味着将他们送到竞争对手那儿，也要给客户留下一个积极的推销员形象，而不是急于让客户在你这里完成购买。

妙语点评

你激进的态度会让客户认为你从他这里会得到很高的利润，于是他会有一种被愚弄、被欺骗的感觉，自然不会对你推销的产品产生什么好感，即使他非常感兴趣。他也会想尽一切办法打击你，一直让你打消了推销念头为止。所以，推销员在成交的关键时刻一定要态度平和、稳重。

存在成交心理障碍

成交之前要有正确的成交心态。

▣ 营销事典

安装公司的瓦内普林茨先生打电话给浴室设备销售员赫尔茨泊格先生，请他先给他寄一份他们公司的产品介绍。

"当然可以，但我们给合作伙伴提供的远远不止是优质的产品，虽然这已经能帮助他们大大提高销售额了。我们还有两个成功销售的武器：一个是我们的'成功浴室安装商要领'——这已经是这个行业的成功秘诀！另一个是 A＆S 神奇浴室设计。"赫尔茨泊格热情地说。

"好吧，但您还是先给我寄一份产品介绍吧。如何成功推销浴室，这我已经再清楚不过了！"

赫尔茨泊格赶紧说："瓦内普林茨先生，我敢肯定您已经有很丰富的经验了。我只想提几个问题。您是怎样为客户设计浴室的？"

"首先我会亲自看一下浴室，做好测量工作，然后画一个草图，哪里放浴缸，哪里放坐盆……"

赫尔茨泊格有些紧张了，因为这非常有可能是一位准客户。"我应该能够让这笔交易成功。"他想。

"先生，我想，我亲自给您送一份资料，再当面给您作一下详细介绍或者您可以到我们这儿来参观一下。"

"不，我想你还是先寄份材料吧！"

赫尔茨泊格一听此话，心里更加忐忑："他什么意思呢？是拿我们的产品和别人作比较吗？那么成交的希望不大了。"于是他说："那好吧！我寄一份产品介绍给您。"

产生这种成交心理障碍的主要原因在于社会成见，推销员本身的思想认识水平也会导致不同程度的自卑感。产生这种自卑感的主要原因是他们没有充分了解自己工作的社会意义和价值。一个人只有真正认识到自己工作的社会意义，才能为自己的工作感到自豪和骄傲，才会激发出巨大的勇气和力量。有些推销员缺少成交经验，没有足够的心理准备，也容易产生这样的成交恐惧症。大量的推销实践证明，并非每一次推销面谈都会达成最后的成交，真正实现最后交易的只是少数，要充分认识这一点，推销员才会鼓起勇气，不怕失败。

推销工作中，有些推销员未能成交，仅仅因为他们认为没有必要主动提出成交，客户在面谈结束时会自动购买推销品。但是，事实证明，绝大多数客户采取被动态度，需要推销员首先提出要求。因此，推销员应该纠正上述错觉，主动提出成交要求，并适当施加成交压力，积极促成交易。

还有一种成交心理障碍——推销员成交期望过高。

这也是一种不利于成交的心理障碍。如果推销员成交期望很高，就会产生很大的成交压力。应当认识到，这种压力虽是成交的动力，但也是成交的阻力。一旦成交期望太高，就会破坏良好的成交气氛，引起客户的反感，直接阻碍成交。

正确做法：

1. 充分肯定自己

为了克服职业自卑感，消除成交心理障碍，推销员应认真学习现代推销学基本理论和基本技术，提高职业思想认识水平，加强职业修养，培养职业自豪感和自信心。

2. 为成交作准备

在大多数的情形下，你想要的是一项承诺，即一个协议。你可拿出纸笔，设法拟出几项可能的协议。在推销中，为了理清思绪而动笔永远不算多余。先从最简单的可能方案开始，然后拟出各种选择。对方会同意哪些对双方都有吸引力的条件？可以减少在拍板问题上有发言权的人数吗？你能拟出一份对方容易履行的协议书吗？

你要设法寻找可以改变对方抉择的各种方案，以便对方作出令你满意的决定。你要给对方的不是问题而是答案，不是困难的决定而是容易的决定。在这一阶段中，你务必把注意力放在决定的内容上，而决定常常会受到不确定因素的羁绊。

3. 多一些协调、沟通

你往往希望得到的越多越好，但又不知道得到多少才够。你可能会说："你说出来，我就知道够不够。"这在你自己看来也许言之有理，但若是从对方的角度看，你就必须提出更令人信服的理由。因为不管对方做什么或说什么，你都会认为还不够——你还想要多一点。

你要不断地与客户进行良性沟通，从中协调、掌握更多的成交信号，为成交铺平道路。

4. 清除压力，灵活机动

一个完整的推销过程，要经历寻找客户、审查客户、选择客户、约见客户、接近客户、与之面谈、处理异议、签约成交等不同阶段。这些不同的阶段是相互联系、相互影响和相互转化的。换句话说，在整个推销过程的任何一个阶段里，随时都可能达成交易。推销员必须机动灵活，一旦能发现成交信号，随时准备成交。正如捕捉成交信号一样，选择适当的成交时机也要求推销员具备一定的成交经验和判断能力。

5. 抓住机会

一旦成交时机成熟，推销员就应该立即促成交易，也许成交机会就只有这么一次，一旦错过，再也达不成交易了。有些推销员善于接近客户，也善于说服客户，只是不善于抓住有利的成交时机，往往是坐失良机、功亏一篑。也有些推销员胸有成竹，自以为胜券在握，故意放过成交信号，结果大意失荆州，悔之不及。其实，客户的心境和情绪总是在不断变化着的，此时此地想买，彼时彼地就不想买了。同样，成交的机会也是复杂多变的，机不可失，时不再来。推销员要善于利用各种成交机会，当机立断，达成交易。

妙语点评

成交是整个推销过程中最重要的一环，气氛比较紧张，容易使推销员产生一些心理上的障碍，直接阻碍成交。客户异议是属于客户方面的成交障碍，也是比较明显的成交障碍，推销员可以利用有关技术和方法加以适当处理，消除这些障碍。这里所讲的成交心理障碍，主要是指各种不利于成交的推销心理状态，是属于推销员方面的成交障碍。要消除这些成交障碍，就要求推销员树立正确的成交态度，加强成交心理训练。

没有成交策略

成交方法有很多，推销员一定要掌握其中一些最基本的方法。

▢ 营销事典

一位推销浴室设备的推销员正在与一家浴室装饰设计公司的负责人进行谈判。

"我们这套浴室设备是很受消费者欢迎的。我看到您也很喜欢。"

"还好，它的造型还比较让我满意。"

"另外，我们还为客户提供安装设计，根据屋舍的布局、结构，根据您的需要，设计成高雅不俗的风格。"

"那我暂时还不需要，因为我们有设计师。"

"没关系，您可以看看我们的成功设计图，您看，这正是我们的神奇浴室设计可以做到的。用这种设计方法可以让 80％ 的最终消费者为他们的浴室设计支付比预计要多的费用。您可以想象，借助它也能帮您取得更大的成功。"

客户："这个嘛，现在还很难说。这个设计的价格如何？"

销售员："客户先生，在您按它设计了第一个浴室后，最迟第二个，您就可以收回投入的资金了。神奇浴室设计，加上我们的全套产品和测量工具，只要 635 马克。"

"是这样啊，那我去别处再看一看吧！"

推销员应该讲究成交策略，多留几手绝招，除非万不得已，绝不轻易亮出底牌。既要及时提示推销重点，又要充分留有成交余地。例如，在成交关头，推销员可以进一步提示推销重点，增强客户的购买信心，如"还有 3 年免费保修服务呢""还有两样赠品呢""还有这个特点呢"，等等。

在成交过程中，推销员应该讲究一定的成交策略，坚持一定的成交原则。也就是说，推销员应该密切注意成交信号，灵活机动，随时准备成交；推销员应该培养正确的成交态度，消除各种成交心理障碍，谨慎对待客户的否定回答；推销员应该充分留有成交余地，利用一切可以利用的成交机会，有效地促成交易。在实际推销工作中，推销员既要讲究成交策略和原则，也要讲究技术和方法。只有适当运用有效的成交技巧和成交方法，推销员才能成功地促进交易，完成推销任务。

一般来说，即使在正式面谈中多次成交失败，在面谈结束时也可能最终达成交易。从推销心理学讲，谈判结束时的最后一刻往往是最佳的成交时机。这时客户没有成交的心理压力，变得轻松愉快起来，他们开始对"可怜的"推销员产生了一点点同情心，并且又产生了成交的念头，生怕错过这个好机会。"告别的客人是最受欢迎的客人"，许多生意就是在这告别前的一刹那成交的。在推销员忙着收拾推销工具、重新包装产品样品时，眼看推销员就要起身告辞了，这时推销气氛达到了高潮，是成交的最好时机。有的推销员很善于利用这一时机，每到告别客户时便慢慢收拾东西，有意无意地露出一些客户未曾见过的产品样品，引起客户的注意和兴趣。在实际推销工作中，许多推销员忽视了这一最后的成交机会，这是很大的损失。

在正式面谈过程中，推销员应该及时提示推销重点，开展重点推销，告诉客户，吸引客户，说服客户。在处理客户提出的问题和要求时，推销员也应该提示有关推销要点，补偿或抵消有关购买异议。到了成交的阶段，似乎该说的都说了，该看的都看了，客户已经明确了推销要点，不用再作更多的说明了，但是，为了最后促成交易，推销员应该讲究成交策略，遇事多留一手，等到即将成交时再一一提示有利于成交的推销要点和优惠条件，促使客户最后下定购买决心，有效地达成交易。

正确做法：

下面介绍几种成交方法供推销员参考。

1. 排除成交法

设法排除客户回绝的理由，让客户的回答成为明确的需要。

用一种干脆的提问方式十分有效："您只有这一个顾虑吗？"或是用一种较为含蓄的方式："恐怕我还没完全听明白您的话，您能再详细解释一下吗？"

2. 假定成交法

也叫做假设成交法，是指推销员假定客户已经接受推销建议而直接要求客户购买推销品的一种成交技术。这是一种基本的成交技术。在整个推销面谈过程中，推销员随时都可以假定客户已经接受推销建议。假定成交法的力量来自于推销员的自信心，推销员应该认真作好准备，认真进行客户资格审查工作。一旦成交时机成熟，推销员应该坚信："这位客户一定会购买的。我知道他是一位客户，他有钱，他需要，这笔生意做定了，我的产品是最好的，我们公司是第一流的。他没有任何理由失去这一次有利的购买机会。他一定会买，一定会买。"

3. 比较成交法

同有竞争能力的产品进行比较。将产品的优点与其他有竞争能力的产品进行比较，用实例说明自己的产品优于其他同类产品。

客户："在这本杂志刊登广告似乎太贵了点！"

出版商："我们每周均售出 10 万本以上的杂志，是同类杂志销量之冠。考虑到销售量，广告费还是很低的。您愿意与我们合作吗？"

通过对比，突出自己的优点，客户就很容易喜欢你的产品，最后达成交易。

4. 选择成交法

是指推销员直接向客户提供一些购买决策选择方案，并且要求客户立即购买推销品的一种成交技术。一般说来，选择成交法是假定成交法的应用和发展。推销员在假定成交的基础上向客户提供成交决策比较方案，先假定成交，后选择成交。选择成交法的理论依据是成交假定理论，推销员假定客户一定要购买推销品，问题只在于客户要购买什么、购买多少、如何购买等等。从推销心理学讲，选择成交法运用了客户成交心理活动的一般规律，有利于减轻客户的成交心理压力，消除成交心理障碍，直接促成交易。在实际推销工作中，选择成交法用途广泛，具有明显的成交效果。选择成交法成功地运用了选择的提示原理，可以产生理想的成交心理效应，有效地促成交易。

5. 小点成交法

也叫做次要问题成交法或避重就轻成交法，是指推销员利用成交小点来间接促进交易的一种成交技术。一般说来，重大的购买决策问题能够产生较强的成交心理压力，而较小的成交问题则产生较小的成交心理压力。在重大的成交问题面前，客户往往比较慎重，比较敏感，比较缺乏购买信心，不轻易作出明确的决策，甚至故意拖延成交时间，迟迟不表态。而在较小的问题面前，客户往往比较具有购买信心，比较果断，比较容易作出明确的决策。小点成交法正是利用了客户的这一成交心理活动规律，避免直接提示重大的成交问题而直接提示较小的成交问题，即直接提示客户不太敏感的成交问题；先小点成交，后大点成交；先就成交活动的具体条件和具体内容与客户达成协议，再就成交活动本身与客户达成协议，最后达成交易。

6. 所有权成交法

为了说明这种成交法，我们举例来说。

当客户走进了玻璃屋顶的侧厅，售楼小姐珍妮热诚地介绍道："看看这侧厅的采光，你不觉得透下来的光很灿烂吗？"不等客户回答，她又继续说，"注意'你'的壁炉，还有，在它两侧的书架可以用来装'你'的书。看看这个房间的大小，有许多空间可以放特大号尺寸的床，另外也可以在这个位置放两张椅子与一张桌子。这样太完美了，因为你会喜欢早上起床时享受咖啡和安静。除此之外，再看看衣橱吧！为什么呢？因为即使你忙得没时间整理衣物，这边的空间也足够堆放。"

妙语点评

推销员应具备一定的成交经验与判断能力，以选择适当的成交时机，不断地磨炼自己，总结经验，掌握常用的成交方法，因时而动，巧妙地运用种种策略促使交易成功。

没有很好掩饰签约时的心情

千万不要让客户看出你因为成交兴奋不已。

🗋 营销事典

客户："我姑姑也在保险公司，我要跟她买！"

推销员："这样很好啊！不知道您姑姑帮您设计投什么样的保险，是不是能借我看看好作一下参考！"

客户："这……她并没有把设计计划给我看，不过，她叫我放心，一定会帮我设计最好的。"

推销员："您姑姑晓得您先生的年收入是多少吗？房贷是多少吗？"

客户："这个……她从来没问过，她也不好意思问！"

推销员："这样子就不对了，设计保险内容一定要先对整个家庭的收入与支出作一番评估，才能决定储蓄与保障的比例该是多少，保障的额度够不够，保费负担会不会过重。"

客户："我姑姑已经帮我设计了一份6倍型的保险！"

推销员："噢！我知道，那份保险的保障额度非常高……不过，很可惜的是那份保险不是保障终身的，满期时固然可以领到一笔钱，不过以后契约就中止了！同时那时候就算您想再买保险，身体状况很可能通不过体检！"

客户："终身保障有什么好处？"

推销员："现在人活到七八十岁一点也不稀奇，可是自60岁退休后就没有收入了。而您可曾仔细计算过，以您的退休金以及储蓄是否足够您颐养天年？而一份终身保障型的保险不但可多一份退休金，而且还可以为身后事预备一笔钱，不会造成孩子们的负担，这样子才能老有所养。"

"那么，你帮我设计一下，我决定从你这儿买保险。"

"真的，那太好了，啊！"推销员一下子喜形于色，"终于成功了。"他小声地嘟囔着，兴奋得手都发抖。可当他拿出保险单要客户填时却发现客户的脸色很阴沉。

"我还是再咨询一下我的姑姑再说吧！"

应该说，即使是客户填完了订单，也不一定万无一失，因为还有违约的可能性存在。要知道很多客户是因为你的兴奋而满腹疑虑的。

这时他会回头重新考虑自己是否作出了冲动的、奢侈的或荒唐的决定："我到底该不该买这一产品？我的钱是不是用到别的地方更好呢？太太会不会对我不满意？"心理学家把这称为"购物者的反悔"。

让客户后悔不仅意味着你口袋里的佣金将减少，而且更糟的是，它可能会削弱你原本很积极的推销精神——因为一桩取消的生意往往会比没有达成交易更能伤害你。

你必须弄懂客户的心思，并防止客户出现后悔情绪。

正确做法：

1. 与客户握手

成交之后，你应立即与客户握手，向他表示祝贺。

行动胜过言辞，握手是客户确认成交的表示。一旦客户握住了你伸出来的手，他再想要改变主意或退缩就不体面了。

从心理上说，当客户握住了你的手，那就表示他不愿反悔。你要祝贺客户作出了明智的选择，并一定要时刻记着告诉你的客户，他作出了了不起的购买决定。

你若能一如既往地对客户表示祝贺，没有哪一位客户会对你抱怨。相反，你会常常看到他们如释重负的样子，好像在说："我真是需要你帮我确认一下，因为我花了很多钱，我忍不住要怀疑自己是否做错了。"

没有哪一位顾客不喜欢受到称赞，所以你不必犹豫，应该清楚地告诉他们，他们购买你的产品是明智的决定。

2. 打消客户的疑虑

建议你对新客户提出一个问题，它能消除客户产生后悔的一切可能性。

3. 契约内容一清二楚

双方在签约时，一定要把契约弄得清清楚楚，彼此的权利与义务也应逐条写明，这样才可避免事后因为契约的模糊而引起不必要的纷争与异议。最重要的一条是这个合约必须是合法的、完整的，双方是平等的、一致的。商场上存在着各种各样的陷阱，签约时应将可能发生的不良情况都考虑到，注明违约责任以及解决方法，如个人解决、主管解决、诉诸法律，或者是提交仲裁机构，以免对自己不利，并且合约最好采用书面的形式。

4. 成交之后，沉着地再次推销你自己

客户现在已经同意购买，但在很多情况下，他还是有点不放心，有些不安，甚至会有一点神经紧张，这是一个非常重要的时刻，对推销员来说，沉着应对非常重要。客户在等待，看接下来会发生什么情况，他在观察推销员，看他是否会兴高采烈，看自己的决策是否正确，看推销员是否会"卷起钱就走"。

现在，客户比以往任何时候都需要友好、温暖和真诚的抚慰，帮他度过这段难熬的时间。正如在推销之前对新客户推销你自己一样，在成交之后要再作一番自我推销。这样做可以达到双重目的：第一，它减少了客户后悔的机会；第二，它有助于获得再合作的可能性。

5. 在轻松的气氛中填写合同

在填写合同的时候，不要默不作声，这通常会引起客户的焦虑不安，他也许会对自己说："我现在应当做什么？"接着，所有的疑虑和恐惧又重新涌上心头。

如果他突然说："等等，让我再想想！"这时，你很可能还要再搭上半个小时，并且不知道能不能挽回这笔买卖。

你可以边写边与客户进行轻松的对话，目的是让这一程序平稳过渡，让客户对他的决定感到满意。

你的填表动作要自然流畅，你与客户的对话内容常常与产品毫无关系——可能会谈及客户的工作、家庭或小孩儿，这些话题可以把客户的思绪从购物中解脱出来。

6. 感谢客户对你的支持

之所以对客户说声"谢谢",是因为你想让客户相信,他们作出了正确的购买决定。

一句礼貌的"谢谢您"应当在每一笔交易结束时自然而然地说出来。

你不要担心这句话说得太多,实际上,无论你重复了多少次,你每说一次都是在告诉客户作出了正确的购买决定。你还可以在每天晚上给那些当天买了你产品的客户写一封简短的感谢信。

妙语点评

若你签约时露出兴奋的表情,客户便觉得你唯一的动机就是为了快点拿到佣金,他们会产生被利用的感觉。这也就难怪他们会热情骤减,突然后悔了。也就是说,预防客户后悔的工作在成交之前,包括你向他推销的每一个步骤中都要体现出你的真诚,同时在成交后要做好善后工作——还是老话,你推销的是你自己,他认同了你,买了你的产品,就轻易不会反悔。

陷在价格争议的旋涡中

自己掌握讨价还价的尺度。

📖 营销事典

一位推销员在推销一种能促进血液循环、调整脊椎、按摩内脏的健康器材时遇到了这样的问题。

这项产品是医学博士汉森发明的,由于受用者不少,刚推出时就掀起了一阵热潮。推销员的工作也很好做，售价18800元，虽然价格很高但非常好卖。但后来许多公司都照同样的原理制造出一些次等品进行销售，每台只卖6000~7000元，其中最粗糙的一种牌子仅卖250元！相差16000多元！

如此一来，产品便开始有了竞争。有趣的是，该公司推出的正牌产品由于采用直销的方式推广，受用者尽管不少，但不知道的人仍然很多。而次等品的商家居然天天到大报纸及电视上大登广告，还注明"原价18800元"，并在价格上打个大叉，再写上"特价期间，仅售6800元"，简直可以以假乱真！

推销员的工作简直艰难到了极点，每当与一个有购买欲望的客户谈到关键时刻，客户总是拿出这些次等品的低价来杀价，弄得推销员一筹莫展。

价格是成交阶段最棘手的问题。在产品成本已定的情况下，价格的高低决定了销售企业的经济效益，亦决定了购买企业的初始成本。所以，价格问题的实质是买卖双方经济利益的分配。价格往往是成交的一个主要因素，是推销员与客户洽谈的主要内容，因此，有必要专门加以讨论。

由于有些客户对产品的性能和使用价值缺乏合理的评价标准，对产品的成本缺乏了解，很容易怀疑产品价格的合理性。此外，由于客户只掌握过时的价格信息，或者只掌握一般低档品的价格，因而很可能对近期价格的上涨表示怀疑，对优质产品相应高价不理解。

由于各种原因，推销人员缺乏自主作价的权力与能力。当客户要求调整价格时，推销人员需要向企业领导人进行汇报与请示后才可以作出答复。因此，往往贻误成交时机。

由于客户有不同的价格观念，对产品的使用价值与价格的关系有不同的看法，对于同一报价的产品，不同客户作出不同的选择。当客户认为价格高于产品使用价值时，就会提出价格异议。

在推销谈判中，推销人员有其推销策略，客户也有其购买策略。购买策略更多地表现在价格上。讨价还价策略的运用，有时确实给成交带来困难。在实际推销活动中，客户常用的购买策略有：

1."就地还钱"策略

一些客户由于成见或是其他原因，往往认为推销人员在使用漫天要价的策略。为了防止上当受骗，客户在推销人员报价后就会还个很低的价格。一些对产品缺乏认识、对成交无诚意、对推销员有成见的客户往往也使用这类购买策略。而另一些客户也许想通过压价向领导或其他同事显示自己的能力，也许是想向推销人员显示自己的谈判经验，如果推销人员让价，客户就会觉得他胜利了。当然，很多客户根据自己的经验，知道讨价还价总是有好处的。因此，即使是有诚意成交的客户，有时也会通过"就地还钱"策略给推销人员一个"下马威"。

2.抓住商品缺陷策略

指客户在推销活动过程中，抓住推销产品某一并不重要的缺点任意夸大并借以压价的策略。在实际推销过程中，有经验的客户会抓住产品确实存在的一个小小的缺点大做文章。如抓住产品的包装、款式、说明书上的欠缺等等，先贬低产品，使推销人员丧失信心与意志力，最后接受客户提出的低价。这种谈判策略一般是具有专业性知识或有经验的购买人员经常使用的。由于客户指出的产品缺点确实存在，所以往往会令推销人员很为难。

正确做法：

1.寻找客户的衡量尺度

许多客户常常用预先确定的价格尺度标准去衡量产品价格。客户的价格尺度也称为客户的参考价格，一般是客户在实施购买谈判前事先确定的。谈判中，如果推销人员报出的价格与客户的价格标准比较接近，客户就易于接受。相反，无论产品的功能与质量如何，如果报价比客户的参考价格高出很多，客户就会提出价格异议。因此，在推销洽谈中，推销人员应尽量了解客户的参考价格标准，以便提出一个客户可以接受的报价。

有些客户会片面看待产品价格与产品质量之间的关系。一些对产品不甚了解的客户，有时把产品价格的高低看成是产品质量高低的一个指标，认为"一分钱一分货"的说法总是正确的。

2. 分析客户的经济状态

客户可能认为产品价格高于他的经济承受能力。客户说产品太贵了，是将产品价格及所需款项总额与自己的经济状态进行对比后得出的结论。

客户总体经济状态不好，如其经销的产品因为不适销造成积压，因信誉不好而借贷无门，甚至已到了破产的边缘等。对于这种情况，推销人员就要慎重行事，以免遭受更大的损失。但客户经济状态不好是一个令客户感到难堪的事，一般是不公开说的，尤其不会对推销人员说。因此，推说经济状态不景气也许是客户的一种托辞。

3. 投其所好

有些客户把购买价格的高低看成是衡量企业或个人价值高低的尺度。如有的企业认为自己是有名望的、有影响的、有一定社会地位的企业，所购买产品的价格应与企业的名望、影响及社会地位相符。一些个人也会把他所购买产品的价格与自己的身份、名望等联系起来。他们实质上把购买当做显示自身价值的机会，为了提高名望或地位，他们乐于以比较高的价格购买产品。

4. 把让价作为争取成交的手段

在某些情况下，推销人员应该采取灵活的措施，把让价作为争取成交的手段之一。但在让价过程中必须坚持：一是让价不可太大，不能认为让价越多，客户越可能购买。很多情况下是恰恰相反的。二是每次让价必须要求客户作出相应的让步。或者说每次让价都要有条件，这些条件可以是客户多购、签订长期合同、增购其他产品等。

妙语点评

价格争议是客户购买商品的最后一道防线，突破了它，你的交易就水到渠成了。但是好多推销员都不能准确地把握这种争议的尺度，要么价钱太高与客户谈不妥，要么价钱太低弥补不了自己的成本。推销员应该掌握一些讨价还价的技巧，不要让自己左右为难。

不指出客户的错误理解

不要将错就错，以损害客户的利益来完成推销。

🔲 营销事典

马克和他太太到镇上一家家具店去购买一张真皮沙发。推销员笑着过来招呼他们，马克说明了来意，他就把他们带到沙发售区。当马克夫妇看到第一张吸引他们的皮沙发时，马克就问了价钱。推销员报了价，马克感到非常惊讶，因为只有他预估价格的一半。当马克对这张真皮沙发的价格表示出他的惊讶与喜悦时，推销员立刻告诉马克，它真的是一张好沙发，物美价廉正是为何他们卖出了很多这种沙发的原因。

马克坐在那张沙发上并向后靠，感觉真的很好。他在沙发周围走来走去，赞美它，而后又再度表示以这样的价格买到感到喜悦。

接下来，马克告诉推销员他还要一张能放在沙发前的咖啡桌，因此他们就走到了咖啡桌售区。在途中，他们经过另一套沙发，跟马克刚才决定要买的沙发很像，但马克对这套更喜欢一点。所以马克就走过去，仔细地查看了一下，坐下来，往后靠了靠，马克真的有点难以抉择应该买哪一套。这时马克又问了价格，令他惊讶的是，价格竟然是刚才那套的两倍。当下马克就问："为何这套会贵上一倍的价钱呢？"推销员以一句很简单的话回答说："因为这一套是全皮的。"马克就问："那刚才那一套是用什么材质做的？我还以为是全皮的呢！"推销员说："在人体会碰触到沙发的部分是全皮的，包括垫子的顶端、扶手，还有你向后靠的部分。然而，在扶手下面、沙发皮下、整个沙发的背后全是用合成皮做的。"不过，他很快向马克保证没有人会发觉这种差别，并指出连马克自己不是也没有发觉吗！他同时也向马克保证合成皮和皮革一样持久、耐用、耐磨。马克说："朋友，你为何不在一开始就跟我说清楚这沙发不是全皮的？"

推销员说："我也想要说，可是话题一直在换，我想在你离开时告诉你，因为我不是那种会故意误导别人的推销员。"但是马克却根本不听他的解释："怎么，你认为我买不起全皮的沙发吗？"他气愤不已，拂袖而去。

若推销员一开始就诚实地告诉马克，马克会买吗？答案是不会。推销员也就是预计到了这种情况，所以以改换话题为由，掩盖了这样一个事实。推销员知道，马克就是想要一张全皮沙发。那马克可能买那种全皮的吗？可能不会第一次去就买，因为真的太贵了。但那是他自己作出的选择，会比你故意掩盖真相要好得多。马克可能到处看看再买，而且在那样的交易场合，马克可能买更贵的。无论如何，他最终会在那家店购买到他要的东西。

非常明显地，马克以为那沙发是全皮的。当推销员没有直接把事实说清楚时，他就已误导了马克。当马克看到真的全皮沙发并表达他对它感兴趣时，或许推销员预见到有加倍销售的机会，于是说出事实真相，然而正是贪婪以及不诚实使他可能失去一笔现成的交易，同时也失去任何长期往来的可能。

有时候推销员会左右为难，因为如果将客户对某些产品的误解告诉客户的话，就可能达不成交易。于是，有些推销员为了自己的终极目标就故意回避一些问题。回避是为了替一些正当理由，比如突破推销僵局、找出真正的决策者等开辟一条新的沟通途径，但仍要看到它的危险性。推销员应尽量指出客户在购买过程中对于产品的某些误解（尤其是有利于推销员的误解）。

正确做法：

你在做推销时，一定要给人真诚的印象，要不然就会困难重重。

真诚是推销的第一步。简单地说，真诚意味着你必须重视客户，相信自己产品的质量。如果你做不到，建议你最好改行干别的，或者去推销你信得过的产品。

真诚、老实是绝对必要的。千万别说谎，即使只说一次，也可能使你信誉扫地，从而失掉你的潜在客户和一些已经建立联系的老客户。

还有一点很关键——不要轻易许诺。比如你的计算机系统需要 3 个月才能安装完毕，那你就不要仅仅为了拿到订单而谎称 4 个星期就够了。这种无法兑现的承诺常常会让你在完成的过程中错误百出，所以你最好对客户实话实说。

不说假话很重要，它应该贯穿整个推销过程中。当客户向你提出一些你无法回答的问题时，你要能够巧妙地岔开话题或者直言不讳地告诉他这是不能说的，但是以不会影响客户的购买欲望为前提。有的时候，即使是最专业的推销员也不可能回答客户所有的问题。遇到这种情况，你可以直率地说："对不起，我现在还无法回答你，但我回去后会马上查找答案，很快就给你回电话。"记住，要是你总是这样解释，那就说明你并没有准备充分。不过，这种坦率的回答倒是体现了你的诚恳，这总比说假话、敷衍你的客户好得多。

推销人员能不能在不指出客户错误认识的情况下不让他们生气呢？老实说，这很难做到，不过，不妨采取些维护客户面子的方式，以减轻他们的敌意，比如让双方老板出面交涉。如果你不得不用避实就虚法，也不要让客户认为你是在欺骗他，你要遵循一定的原则和策略。下面是一些运用避实就虚原则和策略的具体步骤：

（1）要有耐心，不重要的问题自然会显现出来；

（2）通过非正式会谈了解实际的问题所在；

（3）对有些问题（当然是一些不重要的问题）听之任之，置之不理；

（4）建议在不相关的问题上进行妥协，一次性地解决一些问题。

妙语点评

要得到客户的信任，真诚推销是非常必要的。记住，对别人真诚，也就意味着对自己负责任。作为一名推销员，你应该懂得遵守这个简单的原理：你可以圆滑一点，但当遇到原则性问题的时候，切莫不诚实。当客户购买动机高涨时，推销员应善于和敢于纠正客户的一些错误认识。

顾小利失大利

要赢得胜利，不妨在小处让利。

□ 营销事典

这是两个公司的推销员的推销事例：

推销员 A："经过比较后，您一定看得出来，A 品牌的传真机无论是传真质量、传真速度还是其他功能，都比 B 品牌好。"

客户："您说得不错，只可惜它的外形设计较奇怪，颜色也不是我喜欢的，我喜欢象牙白！"

推销员 A："外形怎么会奇怪，现在的传真机大都是这样的；黑色最大方，大家都喜欢黑色，您买回去，我保证您喜欢。"

推销员 B："目前的个人电脑销售竞争非常激烈，我们为了业绩已经降低了售价，给您的价格已是最低的了。"

客户："好吧！电脑我不跟您还价，就 1.3 万元。您刚才说那个电脑桌要 110 元，就算 100 元，凑个整数可以吧！"

推销员 B："这个电脑桌我们是以服务为主，根本没赚钱，若是有钱赚的话，少 10 元也没关系，实在不能给您打折！"

前面的客户对购买商品的主要因素如传真机的传真质量、速度、功能都已认同，后一位客户对电脑主要部分的价格都已同意了，可以说他们已有九成以上的购买意愿。而他们提出的一些自己的看法如外形、颜色及电脑桌的价格，都只是一些次要的小问题。懂得推销技巧的推销员应该知道，在这些小地方应该顺着客户，略作让步，不要对客户提出的任何问题、想法都咄咄逼人，尖锐地反驳回去，抱着一定要在说理上赢了客户的心理。千万不要以为说赢客户，客户就会购买。抵抗愈大，反弹就愈强。

顾小利的推销员可能会获得短期的交易或者短期的利益，但是非常有可能使你的交易仅此一次。适于短期交易的策略，不见得适合长期发展的需要。谈判中最大的挑战之一便是维持短期交易和长期目标间的平衡。客户有可能在你的强迫下做你希望他做的事，但是，即使客户碍于情势作了这样的让步，他对你的态度也会是敌对的。

正确做法：

1. 要赢得胜利，小处不妨忍让

客户购买东西，并不一定非要所有的条件都完全满足才购买，往往只要是最重要的几项需求能被满足就会决定购买。就如每一个人都有他的优点及缺点，你欣赏一个人的才气，绝不会因为他有一两样缺点就否定了他的才气。因此，你实在没有必要试图说服客户提出的任何异议，不管有无道理，不妨在小的地方顺从客户。

2. 利用客户的制胜心

人的制胜心理是天生就有的，在购买商品时，客户也有制胜意识，即总是想以最低的价钱买进最高的服务，推销员可以利用此点达到推销的目的。只要掌握好尺度，并恰当地利用这种竞争意识，一定会收到较好的推销效果。

3. 给予补偿

给客户适当的补偿时，你得注意态度真诚而不贪婪。要是赚得太狠，客户就不会与你再度合作。贪婪很可能毁掉信誉，使你失去更多的生意。你需要的是长期的、多次的合作，而只有在双方都感到满意的时候才称得上是好的合作。

4. 运用长远策略

如果与对方存在合作的可能性，你应当尽量把伙伴关系延长，不要急于同意眼前的交易，而是告诉对方，你做成这笔生意，只是因为你仅对长期交易感兴趣，才去按非正常价格成交。询问一下对方可以在这方面给你帮什么忙，然后在同意为对方提供急需的东西、优惠的价格之前，把关于这种长期交易的协定先确定下来。如果你不能从对方那里取得相应的优惠作为回报的话，就不要给予对方特殊的优惠条件；而当你终于有可能达成一笔大得多的交易时，就不要急于利用眼前的短期获利机会。

妙语点评

只有知道自己的目标是什么以及如何达到的推销员，才是好的推销员。好的推销员不会为了眼前的小利而作出重大的牺牲，为日后种下失败的苦果。如果推销员一味顾小利，那么就会永远失去对大局的控制权。站在高一点的角度看待问题，适当地予以客户一些利益，会为推销员赢得更多的机会。

对客户作出无法兑现的承诺

永远不要对你的客户作出你无法兑现的承诺。

🗗 营销事典

苹蒂是一位摄影器材推销员，她与客户亚当斯已经打了很久的交道。这天，她又来到亚当斯的工作室。

"亚当斯先生，今天的客人（摄影者）没有以往多？"

"有些预约今天的电话我都推掉了。"

"为什么？今天有什么活动吗？"

"有一个大客户需要我们到他们的场地去拍摄。对不起，我马上就要收拾东西走了。"

"亚当斯先生，"莘蒂见此有些着急，"我们谈的关于您引进摄影器材的问题不知您能不能定下来？"

"你也看到了，我今天没时间。"

"亚当斯先生，您若购买我们这种器材，我还可以为您提供几个大客户。我在销售场这些年，认识了各行各业的人，其中有两个人就提到了要请一个专业的摄影师为自己的婚礼摄影，还有为公司开业做录像的。"

"是吗？那么我倒是可以考虑。"

"那就这么说定了。"

"好，我现在可以和你签购买协议。"

拿了订单的莘蒂立刻就把自己的承诺扔到了九霄云外，满心希望的亚当斯既等不来莘蒂的电话，也等不来莘蒂介绍的客户。终于，他怒不可遏地拿起电话打给莘蒂。

"你这个骗子，为了获得订单就骗人说你有客户，你这样做还会有哪个客户信任你！"

莘蒂这才想起她的承诺，其实她哪有什么想找摄影师的朋友呀，那只不过是她为了尽早拿到那笔订单而信口找来的理由罢了。

不要为了让你的客户一时作出购买的决定，而向他们作出你根本无法实现的承诺。因为这种做法到最后只会让你失去客户，让客户对你失去信心，是绝对得不偿失的。

许多推销员在成交的最后关头，为了能使客户尽快地签单或购买产品，无论客户提出什么样的要求他们都先答应下来，而到最后当这些承诺无法兑现的时候，发现大多数的情况会引来客户的抱怨和不满，甚至会让客户取消他们当初的订单。每当这种事情发生时，推销员所损失的不只是某个客户，而是这个客户以及他周边所有的潜在客户资源。

正确做法：

1. 及时结束

到了推销的结束时期，最重要的事情就是要正确地把握结束的时机，及时刺激客户决定购买的意志，从而彻底结束推销。不过，假如在某个时机里客户未能作出决定，应退而把握下一个时机。有时候这种时机很可能在当天再度出现，有时候则可能等待两三天都不一定会再出现。因此，推销员必须随时慎重观察客户。假如认为应该推后几天再来结束推销才比较有利，即须向客户取得预约接见的日子，把目标放在下一个结束的有利时机。

2. 当客户提出要求时，从其他你能够兑现的方面予以满足

当客户表示，他确实很有诚意想买下你的产品，可是因为预算有限，无能为力，所以想要你在支付时间上给予宽松的余地。这时如果你因自己或企业的问题不能答应，要与客户商量是否有其他办法可以做成这笔生意。

3. 礼尚往来

如果客户提出了他的需要，你想让他明白你不能答应他，就采取一种"礼尚往来"的策略，提出他不能接受的条件，这样他能够迅速理解，容易与你达成共识。

4. 二选一

即在另一你能实现的方面给予客户优待，这样他既喜欢你，又不

至因你不能满足他提出的要求而失信。

5. 无奈地拒绝

盖克先生在一次向保险公司索赔的谈判中充分运用了这一妙招。

理赔员："盖克先生，我知道，像您这样的人是处理大数额的，恐怕我这里没有大数额，我的出价只有100元。"

盖克先生沉吟了一会儿没说话，但是脸上的血色全没了。他也没有说"不"，只是哼了声。

理赔员嘟哝道："对不起，好吧，忘掉我刚才的话吧，再多点，200元吧。"

盖克先生说道："再多点？根本没有多多少。"

理赔员接着说："那么好吧，300元怎么样？"

盖克先生稍微顿了一会儿，"300元，唉，我不知道。"

理赔员咽了口唾沫："好吧，400元。"

"400元，唉，我不知道。"

"好吧，500元。"

"500元，唉，我不知道。"

"好吧，600元。"

盖克先生一直是那句"唉，我不知道"。

索赔额最后签订的是950元，而在推销之前，盖克先生的代理人只是要求得到350元。

要像盖克先生这样赢得谈判的主动并不难，只需多一点点勇气。

这个案例中盖克先生并没有直接拒绝，而是运用一种无可奈何——"我真的做不到你说的那样"的战术赢得了胜利。

妙语点评

有时候客户会提出一些让推销员无法兑现的条件，推销员应本着

"诚信为本"的原则予以拒绝，并能获得对方的信任和同情，使你们的成交顺利进行。推销员切不可为了推销成功而作出一些无法实现的承诺。

成交过程中失态

谈成的生意极可能因为推销员的一点失误而变成泡影。

▣ 营销事典

克里尔是某清洁公司的推销员。当一栋新盖的大厦完成时，他马上跑去见该大厦的管理组长，想承揽所有的清洁工作，包括各个房间地板的清扫、玻璃窗的清洁及公共设施、大厅、走廊、厕所等的清洁工作。

当克里尔承揽到生意，办好手续，从侧门兴奋地走出来时，一不小心把消防用的水桶给踢翻了，水泼了一地。这一幕正好被管理组长看到，心里很不舒服，就打电话将这次合同取消了。他的理由是："连你都会做出这么不小心的事，将来实际担任本大厦清扫工作的人员还不知会做出什么样的事来！既然你们的人员无法让人放心，所以我认为还是解约的好。"

成交必然是有障碍的，一方面客户是个"天然障碍"，另一方面则是来自推销员自己的心理障碍。

当买卖一步步接近成交的时候，推销员的神经就有可能越来越紧张。可能就会因为太兴奋了，做出如案例中类似克里尔把水桶踢翻的事情。

在绝大部分情况下，尤其是面对经验丰富的客户，推销员最好要保持镇定自若的态度，因为喜形于色或手足无措都会给客户一种你是新手的感觉。

客户会想："这小伙子果然没做过多少生意，争取到我这么一个买主就这么激动。既然他生意做得不多，那就必然有其原因。说不定我忽略了什么问题，最好先别那么着急，检查一下再说。"

如果你始终保持着有条不紊的状态，可能客户见到这种驾轻就熟的样子自然就会认定："此人是个签合同的老手，我没什么好担心的。"

应该明白，越是心慌就越掌握不住火候。有的推销员在本该成交收尾的时候，突然来了一句："要不你先考虑考虑，我明天再来。"——敌人没有投降，自己先撤了，这算不上好战士。明天来时，客户的热情已经凉得差不多了。

正确做法：

成交之后，推销工作仍要继续进行。

专业推销员的工作始于他们听到异议或"不"之后，但他真正的工作则开始于他们听到"可以"之后。专业推销员知道，一旦他与客户达成了交易，如果他想顺利完成这项交易，他必须继续推销，而不是停止推销（当然，不是回过头重新开始推销产品，而是推销自己，推销公司的支持系统和售后服务）。

永远也不要让客户感到专业推销员只是为了佣金而工作。不要让客户感到专业推销员一旦达到了自己的目的，就突然对客户失去了兴趣，转头忙其他的事去了。如果这样，客户就会有失落感，那么他很可能会取消刚才的购买决定。

对有经验的客户来说，他会对一件产品发生兴趣，但他们往往不是当时就买。专业推销员的任务就是要创造一种需求或渴望，让客户参与进来，让他感到兴奋。在客户情绪到达最高点时，与他成交。但当客户的情绪低落下来、重新冷静时，他往往会产生后悔之意。

要注意面临成交时你的心态。我们有必要来加强一下成交心理训练，养成以下几种心态：

1. 坦然地面对交易的成败

一般人在经历了几次失败的推销之后，担心失败的心理就更严重了，在推销中更容易产生急躁情绪，掩饰不住急于求成的态度，这反而会引起客户的疑心，并直接影响着客户购买的决策，最终导致了心态上的恶性循环。

世上没有常胜将军，"推销之神"原一平也不是每次推销面谈都能成交，对不对？所以，不管推销结果如何，坦然一点，没什么大不了的！你越坦然、越平静，就越有心理上的优势。

2. 没什么可自卑的

有的推销人员有着不同程度的职业自卑感，认为推销工作低人一等，好像有求于人似的。这种自卑感对推销工作有着极大的负面影响。

而顶尖推销员从不自卑。想想看，你赚钱比别人多，你前途比别人好——看看你的周围，多少老板都是从推销员起家的！而且，因为你做推销，你到处都是朋友，信不信眼前拒绝你的这位客户可能会成为你最亲密的客户？信不信你的产品他真的很需要？

用你的自信征服他，还有他的钱包。

3. 不要全盘托出

作为顶尖推销员，你当然不会在成交之前就把所有的优惠条件全盘端给客户，因为如果那样，当客户要你再作些让步才同意成交时，你就没有退让的余地了，那时你就会被动，就会心慌。

因此，为了最后促成交易，讲究成交策略、遇事多留一手还是十分必要的。不到万不得已的地步，不轻易亮出底牌。例如，在成交的关键时刻，推销人员可进一步提示推销重点，加强客户的购买决定："我们的产品还有一年的免费保修服务呢！"这可能是一句"妙手回春"的话。

妙语点评

当成功就在眼前时，谁能不为之欢欣鼓舞，不为之激动不已呢？这本来就是人之常情。但是作为推销员，你要记住：切莫在成交过程中失态。当客户看到身处最后关头的你仍然谈笑风生、神情自若时，他也会觉得心里特别踏实。

第七章

你在客户服务中最可能犯的
6 个错误

服务承诺成为一纸空谈

为客户着想不是说说而已，而是在售后服务时的实际行动。

▢ 营销事典

夏天，又到了游泳的季节。如果一个孩子还没有独自在泳池里安全游泳的能力，就可以套着充好气的游泳圈在泳池里玩耍。而塔德就是一位"游泳圈"的销售者。有一天，他接到一个电话，是一位老太太打来的。她说因为自家的游泳圈坏了，而自己的小孙女又要下池玩水，问有没有充气的游泳圈，并问把游泳圈充好气送到游泳池要多少钱。

"游泳圈是 995 美元，而充好气的则要加 45 美元（很明显应该是一个商业承诺）。"塔德干脆利索地说。

"为什么这么贵？"

"因为充气和送货是另外加的服务，当然要收额外的报酬。"

"可是，你们不是承诺给客户最好的服务吗？"

"那当然，我们的服务是以让您满意为准。"

"不必了，我还是找另外一家吧！"

100 年前，有一位意大利的爱国志士马志尼曾经说过："胜利的明天要比胜利的前夜更为艰险。"当你获得了一张签了字的订货单，这不过是表示你完成了推销的初步工作而已。从此以后，你公司中处理这笔交易的人员包括你自己，或是一位助理业务员，或是一位修理师，还要开始一个冗长的连续性的推销，他们需要的时间不会比你和这位客户谈生意时所需的时间少。

只要你的货品的质量稍微差一点，或者当时服务稍不周到，客户就可能会中止与你的交易。换句话说，推销并不是仅仅收到订货单就算了事，就可以不管日后的情况了。要记住，在推销完毕之后，你所需要花费的工作精力往往比在推销完毕之前还要多哩！

没有一件产品是十全十美的。当然，产品制造得愈好，其需要的质量服务工作愈少；但是，如果需要服务，那么服务一定要是最好的。这种工作应该由受过训练的人员去做，并应该利用你们公司所制造的、经售的或所介绍的最好的零件与材料。

作为推销员，你应该充分了解客户的各种需要，并采取措施帮助客户。

正确做法：

1. 建客户资料卡

客户资料卡就是把潜在客户的名单及了解到的情况用卡片形式记录存档。在实际推销中，许多活动都要引用此卡上的内容，而卡片上的记录则应随工作的不断进行而不断增添。对拜访过的客户，要将拜访情况记录在卡片上，以备后用。

客户资料卡应该可以让你清楚客户的一切。

2. 与客户建立良好的关系

有时候，客户会因为对推销员不满（譬如成交后就不见人影）而用异议来表示抗议。

因此，在签约后，还须经常拜访、问候客户，建立良好的关系。

还有，如果彼此交情深厚的话，即使发生异议也总是能大事化小、小事化无。若双方关系不佳，往往小问题也会被渲染、扩大，闹到不可收拾的地步。

3. 为客户工作

过去，一些业务员工作起来像机器人似的，每天出去手中总是拿着一本订货簿，见了人总是用一句推销上的口头禅："先生，今天您要多少箱？"但是一位真正想"为客户而工作"的推销员却不是这样。他会认真地去分析客户和他的商店的情况，还会去研究、了解附近地区的情形，从而了解该地区一般家庭的状况。如果当地一般家庭只能买 0.35 元一瓶的汽水，那么他就知道向他们推销 0.45 元一瓶的汽水是没有用的。此外，他还应进一步研究附近居民的籍贯及来源，如果其中上海人比较多，那么在这个地区销售上海风味的食品就会适销对路。

推销员若是向客户讲解有关其产品的推销要点，那就会更受欢迎。比如，指点客户如何才能使他们的店面更能吸引顾客，这时，他就成为一位真正为客户服务的推销员了。作为一位推销员，他自然会充分地体会到，除非他卖给客户的货品客户能转卖出去，否则他所能收到的订单是不会多的，只会一天一天地少下去。

妙语点评

订单固然已经签订了，但这还不能说客户已完全决定买了，可能只决定了一半，也可能只决定了 3/4。他们对于所签购的货物仍然可能产生怀疑，因为他们还没有完全认识到货品优点之所在。这时，推销员就要不断地继续前往拜访，使客户完全接受你和你的产品。

不能正确对待客户的抱怨

客户的抱怨中有你需要的信息。

🗂 营销事典

在亚历山大的一家服装销售公司里，推销员墨瑞正在忙着整理这个月的销售记录。突然，一个年轻男子从前门破门而入，挥舞着一条裤子，大声叫喊着："这种牌子的裤子太差了，我花了钱，我……"

墨瑞从椅子上一跃而起，就像消防员听到了四级火警一样，一下子就跳到了门口。

"先生！"墨瑞大喊一声，声音足以盖住那位生气客户的叫喊。"先生，"第二次要轻柔许多，墨瑞道，"请不要在我的店里大声叫嚷。如果这裤子有什么问题，我怎么会把它卖给你呢？恰恰相反，我保证我们售出的东西都是由质检员专门检查过的。我想是你弄错了吧！这条裤子看来也不像我们公司的货。"

"怎么，你小子想赖账，就是你将它卖给我的，我记得你当时说得天花乱坠，我一时糊涂，竟然上了你的当。"

"先生，不要说了，有什么呢？"说完，他抓过裤子把它随意地扔到了角落。"我会给你一条新的裤子。不是想要一条新的吗？你这样的我见得多了。"

"你……我要投诉你。"

客户的不满对卖家来说确是一种灾祸，因为产品质量毕竟还是存在问题，客户有意见，不向你诉苦也会向别人诉苦。与其让客户向别人诉苦，扩大公司利益的损失，不如让他向你诉苦，好让你及时作出正确的处理，消除客户的埋怨，从而获得转祸为福的机会。

客户的不满有时是因误解导致的。客户向推销员诉苦，无疑给推销员一个向他解释或澄清的机会。一旦通过解释获得满意，客户对推销员和产品的印象当然能够改观，甚至还乐于充当义务宣传员，替推销员向别的客户解释。

要知道，推销员能够直接倾听到的这种不满事实上只是一部分。假设产品中的不良品占产品总量的25%（包括存在最轻微缺陷的），这25%的不良品到了用户手中，不可能全都被用户发现。进一步假设客户通过实际使用只发现其中的半数即12.5%，倘若已经觉察缺陷的客户由于工作过忙，没有向厂商或推销员提出而凑合着使用，结果提出意见者又只占觉察缺陷客户的半数，所以我们能听到不满的只占我们产品总量的6.25%而已。当卖家获知客户不满后由于各种原因不能及时处理，甚至可能随着时间拖延过久不了了之。假定卖家处理的不良品只有反馈回来的一半，即产品总量的3.125%。由此可见，客户反映不满的数量是少之又少，仅是冰山浮出水面的一角而已，这对推销员来说怎能不珍惜、不欢迎和不重视呢？

正确做法：

1. 避免出现抱怨

处理抱怨的最好方法是事先避免抱怨的出现。大多数抱怨的产生是由于产品提供的利益与客户的期望不一致，也可能是因为产品质量较差、使用不合理或售后服务较差，有时也因为客户的期望太不现实。对于产品的质量，销售员无能为力，这是产品生产中质量检测部门的职责。但对于其他情况，销售员是有能力加以监控并防止发生的。

保证客户能正确使用产品是销售员售后服务的一部分。保证产品完好无损及时运到也是销售员售后服务的一部分。而客户期望也常常因为销售员夸大产品质量而变得很不现实，导致客户对拿到的产品非常不满意。如果销售员对产品保持诚实的态度，那么这种情况也可避免。别打断他，尽量让他去抱怨，打断可能会引起更深的愤恨。你对待客户的态度将最终决定这一事件是否能圆满解决。在仔细倾听客户意见之后拿出可行的解决方案，客户会很高兴，你们的合作就会很顺利地进行下去。

2. 分析抱怨的合理性

也有许多抱怨是不合理的。可能会有一些客户没完没了地抱怨并要求解决。虽然你希望公平，但如果满足了这些客户的要求则显然对你和你的公司很不公平。无论如何，当客户声称产品有缺陷时还是应该仔细检查产品，让客户解释他如何使用产品，看看问题出在哪一方，最后总能找到双方都能接受的解决办法。

3. 解决问题

听到抱怨后要立即加以解决。当找到解决办法时，要尽早实施，这就能给客户带来好印象，或至少能减轻不良印象。你的处理办法应容易理解，而且也要让客户认识到这一点，应该向客户充分解释为什么用这种方法。

当客户同意处理方案后开始实施时，这时销售员有责任监控实施过程，这就好像交货后的售后服务，处理抱怨之后的后续服务对于能否使客户满意非常重要。如果客户的不满心情平缓下来了，进而保住了这位客户，你将来总会获得更大的回报。

妙语点评

客户对产品和服务存在的缺陷表示不满，向推销员抱怨、诉苦，这无疑是对你所推销的产品和提供的服务提供了克服缺陷、提高质量的线索，是不花钱且求之不得的最佳销售情报。因此，有经验的推销员不怕客户埋怨、提意见，只怕客户一言不发地离开。

不具备服务公众的意识

提高认识，树立为公众服务的意识。

▣ 营销事典

当笔记本电脑刚刚上市时，有一位专卖电脑的推销员去访问一家零售商。这家零售商老板说，两个星期前他购买了某公司出售的一台电脑，老是出毛病，已经坏了4天了，打了几次电话，厂家至今还没有派人来修理。这位推销员虽然会修理，但是他想跟我有什么关系呢，又不是我们公司的产品。于是他在一旁大贬特贬那家公司的产品和人员，并极力推销自己的产品。零售商店老板气急败坏地说："当初那家公司的推销员说的比你还动听呢，结果怎么样？你们还不是一丘之貉，走吧，走吧！我不想听你说下去了。"

产品和服务的推销最终要落实到消费者身上，这样，推销员作为沟通生产者与消费者之间的中介环节，必然要把公众利益作为自身工作的宗旨。有一句在商界流行多时的话叫做"顾客就是上帝"，便反映了这样一种现实，即客户是推销人员最应尊重的公众对象。离开消费者，推销工作就会受到阻碍，自然也就谈不上进一步发展了。

日常生活中，成功的企业家与推销员的的确确把消费者看作衣食父母，这绝不是哗众取宠，而是势在必行。由于这些推销人员和企业的经营方针是把用户利益放在首位，因而在制订规范、供应产品以及设置服务项目时，总是从消费者的角度出发，尽可能给予便利。这样一来，广大公众不仅会心悦诚服地掏出钱来，而且下次还会光顾。更重要的是，无数接受过盛情款待而心满意足的客户就是无数个义务宣传员，他们会在不同场合有意无意地宣传企业并推销其产品，使之美名远扬。在现场推销活动中，为公众服务意识的强弱、是否注意联络和促进与公众的关系还是有意无意地忽视和损害这种关系是区别推销成败的"分水岭"，也是检验推销员及其工作业绩的"晴雨表"。

正确做法：

如果事例中的电脑推销员能把竞争对手的客户也当做自己的客户，那么他就会这样做：听了老板的话，不是嘲笑竞争对手，而是修理起电脑来。等到修理好，零售店老板拿着修理费给他，他却说："这是我应该做的事情。"这样，推销员就有可能将这位别人的客户发展成自己的客户、朋友，让自己的推销之路畅通无阻。

不管处于什么场合，任何一项推销工作都必须着眼于公众。当客户利益与推销者利益发生冲突时，满足客户利益应该是第一位的。现代市场营销研究的先驱、美国著名的公关营销学者爱德华·伯内斯早在 1923 年就指出："推销工作是为了赢得公众的赞同，推销应首先服务于公众利益。"具有服务公众意识的推销人员能时时和处处为公众利益着想，创造各种条件来为客户服务，努力满足公众提出的各类要求，这样的人实际上才算真正了解推销工作的方向。

推销员要有一种奉献精神，要拓展自己的视野，有一种服务精神，而不是让自己局限在利润之上。

所谓服务，可以看作是一种奉献。

珍妮曾在 1997 年度被评为某人寿保险公司业绩最好的推销员，她得到上司的嘉许，奉命专门处理年限届满而解除契约事宜。满意的客户很多，纷纷高兴地送珍妮红包，但珍妮并没有接受，客户于是依珍妮的意愿给她介绍了大约 20 位新客户，同时还提供了这些新客户的详细资料。由于这些介绍信和资料，珍妮又增添了许多辉煌的业绩。

妙语点评

精明的推销员不会将自己的工作局限在"推销"这一个环节上，而是扩大自己的服务范围，提高自己的认识，具备服务公众的意识。如此一来，一方面塑造了完美的人格，另一方面在开发潜在客户上又有了新的途径。这样的推销员有谁不喜欢呢？

将服务完全推给客服部门

作为销售人员，提供满足客户希望的服务是获得客户认可的最佳途径。

▣ 营销事典

炎热夏季的一天，苏克驱车到了一个规模很大的农场边。这位农场主打电话告诉苏克，买了他的大型拖拉机后，还想买一辆配套的小型拖拉机。

苏克看到这位农场主正在一大片小麦地中间的拖拉机下面，便把车停在路旁，穿过田地朝他走去。

"斯蒂芬·金先生，你好，我来看看你有什么需要。"

斯蒂芬·金正在拖拉机下面满头大汗地修理着什么，见到苏克，他从底下爬出来，"苏克先生，您帮我看看这个配件是不是该更换了。"

苏克没动地方："怎么会，你才新买的机器。"

"可是，当我开动拖拉机时，总感觉有些不对劲，您还是帮我看一下吧。"

"那是他们客服部门的事，你找我，我怎么会修理？你说要一辆配套的小型拖拉机，我过来给你送资料。"

"得了吧！伙计，我还是先把这个问题解决了再说吧！你们的拖拉机这么差劲，让我怎么再相信你。"

作为销售人员，提供满足客户希望的服务是获得客户认可的最佳途径。

21 世纪的市场必定是客户导向的市场，要长期与你的客户建立商业联系，不在商品本身或销售能力，而在于你能否满足客户的需求。有的推销员提供的服务甚至能超过客户的期望，让客户有惊喜的感觉。

客户要的只有两件事：如果你关心我，就做给我看看；告诉我，你现在能为我做什么（请你帮帮我的忙吧）。

所谓的客户服务，说起来就是"帮助客户"。在客户需要的时候，你是不是给了他们相当的协助呢？

著名的营销专家乔·吉拉德在他的《如何将任何东西卖给任何人》中写道："您所遇到的每一个人都有可能为您带来至少 250 个潜在的客户。这对想开展自己事业的人们可是个再好不过的消息了。"不过，根据乔·吉拉德的理论，从反面来看，当一个客户由于不满意而离你而去时，你失去的就不仅仅是一个客户而已——您将切断与至少 250 个潜在客户的联系，并有可能导致一个重大的损失，以至于你在事业刚刚走上轨道的时候就跌上一大跤。

在开始之前，你一定要了解如何让你的客户成为经常购买的回头客，或者做得更好，让他们成为你的终身客户！

正确做法：

1. 了解客户的期望，确定自己的服务范围

客户服务到底应具有什么特点？客户服务的目的就在于与客户建立良好的关系，不过，这得基于客户的 3 种期望获得满足。客户的 3 种期望是：期望所买的产品确实能发挥应有的功能；期望所得到的服务确实如你所说；如果上述的期望落空，期望你能遵守原先的承诺。

你要想维持良好的客户关系就得持久不懈地努力，最终达到买卖双方都能相互满意才行。

当你作好准备并且打算一显身手之前，不妨先问自己 3 个非常基本的问题，这对你未来是否愿意改进对客户的服务有很大的影响。

（1）为什么我们得作好客户关系？（这对我们会有什么好处？）

（2）为什么现在得作好客户关系？（如果现在不做会有什么后果？）

（3）为什么我要操这个心？（如果不操这个心会有什么坏处？）

这 3 个问题请你好好想一想，它们能够开启你的思考天地。

2. 不要推诿

良好的客户服务是 90% 的态度和 10% 的知识，即知识＋演练＋回馈＝成功（K+P+F=S）。

"抱歉，我很希望能够帮您的忙，但是我们公司规定这些是客服部门的职责。"

政策竟然是用来禁止帮助客户的！这是除了"不"字以外，最令客户感到刺耳的话。

别人如果跟你来这套说辞，你会如何？你的客户可不是打电话来听你讲公司政策的，他们是来寻求协助的。

大部分销售人员对客户需要一无所知，更别提要用哪种方式服务了。客户并不想听故事或借口，他们只想感受你的关心，想知道你现

在要怎样解决他们的困境。可是难就难在这儿——销售人员总是站在自己的立场处理事情和问题，而不是站在客户的立场。

妙语点评

售后服务是销售活动的一个重要组成部分，通过开展售后服务可以满足客户的一些需求；同时，通过提供售后服务，可以增加与客户接触的机会，还可以起到联络感情、搜集情报的作用。有远见的销售人员绝不会忽视售后服务这一关系到自身发展和事业兴旺的至关重要的环节，绝不会简单地将售后服务推给客服部门。

为了分清责任不惜与客户争吵

无论责任是否在你，争吵只能使你走向错误的方向。

营销事典

杰瑞卖出了一部高价的完全自动的邮费机，这部机器已经装置好了，同时他已经完成了指导工作，使客户能够自行操作，其配套使用的货品如皮带、墨水等也都在第一次订货时给客户购置完备了。从此以后，他一直没有听到客户再向他提出过什么意见。但他没有告诉客户，这种特殊的墨水是一种经过多年研究试验的产物，其中没有任何能起化学作用的元素，它不同于普通墨水，普通墨水会伤害那一高价机器的铸型与印器，但它很快会用完。

不久，客户在不知情的情况下将一瓶普通墨水倒入了机器中，机器立即停止工作了。

于是他打电话给杰瑞公司的机械服务部门。该部门派去一位训练有素的技师，经检验，他立即发现了故障所在，并婉转地向客户作了解释，然后将整个印器拆开，装上一卷新的墨水纸，洗涤了铸型，再在机器上擦了一些油。他在客户的办公室中工作了 4 个小时。客户则耽误了 6 个小时的工作。这是多么大的损失！

这损失又应该由谁承担？杰瑞公司索取的服务费每小时是 2 元，工作 4 小时，旅程中花费 1 小时，一共要 10 块钱；新零件又需 10 元，还有零件搬运费 0.75 元。技师将这张维修费为 20.75 元的账单交给了客户，结果却引起了一场争吵。

将商品卖出去并不等于销售工作已经完成。重视售后服务是推销员赢得客户的法宝。

不管客户如何批评我们，销售人员永远不要与客户争辩，因为争辩不是说服客户的好方法，正如一位哲人所说："您无法凭争辩去说服一个人喜欢啤酒。"与客户争辩，失败的永远是销售人员。一句推销行话是："占争论的便宜越多，吃销售的亏越大。"

正确做法：

所有这一切，给我们一些什么启示呢？

第一，推销中和在装置其产品时就应给客户以真正的服务，将必要的情形告诉他。第二，每个推销员都必须有一份详细的售后服务记录，其中应表示出何时客户应该再进货，不论其所应进的是产品本身，还是其所需的零星货品，都须详细载明。第三，要时常强调你的货品所需要的不是别的东西，而是周到的服务，以及各种你公司自己制造的或介绍的精致零件与配套物品。第四，推销上的服务工作与机械上的服务工作要密切配合。

为了避免这种责任纠纷，最好的办法就是与客户经常联络。

有的推销员成交后，客户就再也见不到他的人，也听不到他的问候了。这样很容易引起客户的反感，客户会想：难道你就只是利用我来赚钱而已吗？

千万不要成为这样的推销员。你要随时与客户保持联系，用你的真心去关怀他们，这样你才可能有更多的机会。

譬如卖钢琴的销售人员每月给客户邮寄一份音乐及乐器简讯，这样，可以给客户提供参考资料，同时也可以借此报道商情，这样的做法可以使客户对商品有持续的好感。而且，通过不断为其提供资料，也能起到间接的宣传效果，往往会引来更多的客户。

对客户所作的售后服务就是为了做好维系客户的工作。良好的售后服务对销售机构及销售人员的销售工作都十分有利。

妙语点评

销售人员本身及区域销售机构双方面与客户的维系，是售后服务的主体。售后服务工作是否做得到位、圆满，主要看是否充分做好了与客户之间的维系工作。

抗拒客户投诉

对于客户投诉，应以诚恳的态度接受，并以谦恭礼貌的态度迅速处理。

▣ 营销事典

一个客户在他订的酸牛奶中发现了一小块玻璃碎片，于是他前往牛奶公司投诉——可想而知他的情绪有多大。一路上，他一直在愤怒地思考着如何才能表达他的愤慨，许多尖刻的词语就在嘴边。

一进入经理办公室，他的情绪就爆发出来："你们是什么牛奶公司！简直就是要命公司！你们都掉进钱眼儿里了……"

公司的经理连忙问："先生，到底出了什么事？请您快点告诉我，好吗？"

客户继续激动地说："你放心，我就是来告诉你这件事的。"说完，他从提包里拿出那瓶酸牛奶，"砰"的一声重重地往桌子上一放，"看看你们做了什么好事！人吃下这种东西是要命的！特别是老人和孩子，要是吃下后果是不堪设想的！"

经理连连道歉。这位客户说："光道歉就行了吗？你们的产品质量也太差了吧？我要投诉你们。"

"别，别，别，你不能投诉，你投诉了也没用。"

"什么？你们的产品质量出现问题，还没有人管了吗？"

"投诉对你有什么好处？"

"至少不会让第二个人再上你们的当。"

"先生，有谁能证明这块碎片一定是我们在生产时操作不慎弄进去的呢？难道就不存在你故意制造这种假象的可能吗？要知道，我们的产品是经过时间检验的，怎么能凭你一面之词就任你投诉？就算你投诉了，也未必有人相信……"

"你……"客户气得说不出话来。

经理又放下架子，好言安抚："先生，不就是一瓶酸奶吗？我们再赔你一箱。前提是你不要投诉。如果投诉，对你可没好处的，费时费力啊！"

这位客户拂袖而去，他决定：投诉！

你经常会碰到客户投诉，一旦处理不当便会引致不满和纠纷。其实从另一个角度来看，客户投诉是最好的产品情报，销售人员不仅没有理由逃避，而且应该抱着感激之情欣然前往处理。处理客户投诉，不仅仅是找出症结所在、弥补客户需要而已，同时必须努力恢复客户的信赖。

正确做法：

对于客户投诉，应避免与客户发生争执或直接指出客户的错误。

永远不要和你的客户争执，不论客户对你的产品提出什么样的批评和不满。在这个时候，最佳的方法就是接受他的指责，同时进一步解除客户的抗拒。如果客户仍有某些抗拒和担心，那么在此时提出老客户的见证或某些客户的口碑来给他看。你可以说："先生／小姐，我非常了解您为什么对这些事情有所担心，我这里刚好有一些以前的客户在购买我们的产品后关于使用产品的经验和意见，我想这会对您很有参考价值，您可以花几分钟看一看。"

处理投诉的用语要非常注意，因为此时客户的情绪一般都是比较激动的。对客户投诉的处理，可区分为下列6点：

1. 虚心接受批评

冷静地接受客户意见，并且抓住客户意见的重点，同时明了客户的要求到底是什么。

2. 追究原因

仔细调查原因，掌握客户心理。

3. 采取适当的应急措施

为了不使同样的错误再度发生，应当断然地采取应变的措施，找出解决方案。客户的投诉内容总不外乎"刚买不久就这么差"或"仔细一看发现有伤痕"……这时，你要先冷静地判断这件事自己能够处理吗？还是必须由公司斡旋才能解决呢？解决方案应马上让客户知道。当然，在客户理解前须费一番工夫加以说明和说服。客户同意解决方式后应尽快处理。处理得太慢，不仅没效果，有时还会使问题恶化。为了避免同样的事情再度发生，你还必须分析原因，检讨处理结果，吸取教训，使未来同性质的客户投诉减至最少。

4. 化解不满

诚恳地向客户道歉，并且找出客户满意的解决方法，最后是化抱怨为满意。"当场承认自己的错误须具有相当的勇气；给人一个好感胜过一千个理由。"即使是因为客户本身错误而产生的不满，在开始时也一定要向他道歉，就算自己有理由也不可立即反驳，否则只会增加更多的麻烦。这是在应对客户投诉时的一个重要法则。但是，一味地赔罪也是不当的，最好在处理时边道歉边用应对方法使对方理解。

5. 改善缺点

以客户的不满为契机找出差距，甚至可以成立委员会来追查投诉的原因，以期达到改善的目的。

6. 后续动作的实施

为了恢复企业的信用与名誉，除了赔偿客户精神上以及物质上的损失之外，更要加强对客户的后续服务，使客户恢复原有的信心。

妙语点评

客户投诉是客户对商品或服务品质不满的一种具体表现。推销员对外应妥善化解客户投诉，圆满解决；对内应利用客户投诉充分检讨与改善，将其化为提升销售素质的良机。正面的补偿绝对是客户服务工具箱里最有用、威力最大的武器。以客户的角度，而不是你的角度，送达你的歉意，提出你的解决方法。客户关心的是他们的钱、他们的产量、他们丧失的机会、事情恶化的结果和他们的损失，而不是你的处理、你的借口或是你对发生的事故作何感想。

第八章

你在营销策略上最可能犯的 6 个错误

被自己的光环罩住

越是优秀的推销人员越要警惕自己为自己设下的陷阱。

▣ 营销事典

"我可以算是最优秀的推销员了，身体好，能吃苦，也富有经验，但想不明白企业的老板为什么把我给炒了。我找了无数个企业，老板都不敢用我。是嫌我年龄大吗？我才年过四十，正是年富力强、经验丰富之时。可我却在家待了两年了，很苦恼。请问我的出路在哪儿？"

这是约翰——一位富有传奇色彩、曾经以卓越的销售业绩而被称为销售大王的推销员，怎会待在家两年了呢？

他的一位过去的老板詹姆斯这样解释：

"约翰离开我们集团之时，对我的感触很大。他总认为我们的管理太严、要求太高。他自由惯了，做推销员还行，可一看那大摞的方案和表格就让他很为难，看不懂，而且心也静不下来。"

新的市场、新的竞争形式、新的商业态势对推销人员的要求都是不同的。每一个成功企业的管理者都会注重吸收先进、严谨的管理方法，并通过不断的学习提升企业员工团队的知识水平。作为推销员也不例外。推销员需要学习补充的知识是最多的，小到生活中的点点滴滴，大到一些营销管理策划理念，这些都应随着推销员的经验不断丰富而予以充实，否则的话就会出现上面案例中约翰这种情况——走到一定的地步就走不下去了。

约翰应该是非常热爱营销职业的，詹姆斯给了他机会，让他自由发展，但是他却错过了一个能发挥自己才干的机遇。人的一生虽然漫长，但能够施展才华的机遇还是有限的，有的一次错过将遗憾终生。

约翰给周围很多人留下的印象是相当不错的——经验丰富，富有激情，这是作好市场营销的先决条件。但这个头顶无数光环的推销员，竟然缺乏系统的营销理论知识，甚至连一些最基础的营销概念都搞不懂，更不要说更高一层的市场营销管理了。他以往的成功完全是凭个人的天赋和勤奋来完成的。

市场是不断变化的，约翰却始终沉浸在自己过往的辉煌之中不能自拔，不愿再学习，也就无法再度提升自己的知识结构。当有新的挑战性的机遇降临时，他就只有恐惧了。

正确做法：

在新的市场态势下，我们的推销人员怎样才能在激烈的竞争中适应、生存和成长呢？

1. 保持激情

激情洋溢是一种宝贵健康的心态，成功的推销员往往和他们内心深处拥有那么一种激情有关。为什么在相同的环境下有的推销员由辉煌跌入低谷，而另外一些却能永远立于不败之地呢？这和推销员是否保持着昂扬的创业激情有关。创业的激情意味着你永远把自己定位为起步者，你始终怀有美好的希望，始终有着渴望成功的激情。

多一分激情和追求，同时不敢骄傲、不敢自大、不敢随意地浪费，造就了你最后的成功。

2. 忘记过去

一个推销员的营销经验积累得越多，在这个行业经营中再付出的艰辛就越小。但同时他也非常容易被传统经验所束缚，因为传统经验不适应新经济下的市场变化。所以，一个推销员应该善于遗忘而且善于变化创新。善于遗忘是希望推销员在新的市场态势下，不要受传统的"经验曲线"束缚，复制过去的成功经验来套眼前的新市场，而是针对眼前的新形势和市场的新变化进行思考，找出真正解决问题的务实办法。

如果一味沉浸在过去成功的经验中难以自拔，或因为自己以往的辉煌而孤芳自赏，就会过度迷信自己，不屑于学习新东西，患上一种骄傲的"自闭症"，并过多迷信传统经验来抗衡对新知识的吸收。上面案例中所提的约翰就患上了因为孤芳自赏而排斥现状的骄傲的"自闭症"。

3. 不断地设立新目标

人生成长的价值就像跳高运动员面前的标杆，只有摆得高，才有动力一跃而过。推销员要不断地为自己设立新的目标，才能不断地进步。以往的营销业绩或在具体市场一对一的营销成功个案在特定的市场曾助你建功立业，但随着时过境迁，当你准备跨越更高的界限时，你仍依赖原来的经验是行不通的，应该向更高一个境界迈进。

4. 不断地学习

时代和市场是在不断变化的，每天都有新的问题出现。有的问题可能是前人没碰到过的，教科书上没有的。遇到这种问题怎么办？唯有持续不断地努力学习。对推销人员来说，学习不是一个阶段，而是一个漫长持续的过程，甚至是你营销生涯中的全程。

优秀的推销员大都是靠自己的天赋、努力，把握住特定的际遇成长起来的。而大多数推销员的营销理论知识是零碎的，大多缺乏系统性，理论的基础较弱。时代和市场是在不断变化的，这就需要你有一个系统的、综合的知识水平作支撑去判断、解决具体事件。因此，营销人的学习是持续不断的，要边干边学，带着问题学，学用结合。作为一个营销人，不论你过去多么优秀，你储存的知识都不可能解决所有的问题，你若希望自己更优秀，只有持续不断地努力学习才能进步。

5. 抓住机遇

机遇在人的一生中稍纵即逝，推销员应该永远保持这种机警的心态，抓住机遇，为自己赢得的更高的进步铺好台阶。

妙语点评

很多推销员的目标是为了工作业绩和薪金，因此就缺乏在紧张的工作中系统修习营销理论知识的目标和意识。尽管他们有着较强的实战经验和丰富的阅历，但由于专业知识并不系统，也缺乏较扎实的专业理论知识，一旦市场格局发生变化，或换了一个企业及工作平台，他们和真正的强手相比就会产生学识上的差距，这种差距将使他们最终落伍。

不为客户寻找一个购买的理由

推销员为了抓住客户，先要为他寻找一个购买理由。

回 营销事典

杰克是一种新型汽车大灯增亮器的推销员。这种增亮器采用进口原件，具有不发热、不烧毁、延长大灯使用寿命和增强大灯亮度的特点，是一种不错的产品。

一拿到产品，杰克首先想到的是州级公务车辆维修定点单位和公务用车定点维修中标企业。他认为它们是大修理厂，每天接触汽车也多，产品肯定能用得上。但是，当他找到市内的一家大型汽车修理厂时，任他好说歹说，经理也不同意，即使放一个样品也不让。一连跑了好多家都是同样的情况。相关负责人的回绝几乎是异口同声："我们根本不需要从你这儿买。"为什么会这样？这让杰克百思不解。

原来只要上点规模的修理厂，零配件进货渠道差不多都是定点单位，州级公务车辆维修定点单位更是如此。而且，它们维修的差不多都是公车，司机只是负责把车修好，不在乎花钱，至于灯节能不节能的，他们根本不在意。这些，杰克压根儿不知道。

想想看，为什么客户向 A 公司投保而不向 B 公司投保呢？即使 A、B 两家公司的投保条件几乎一样。为什么你喜欢到某家饭店吃饭，而这家饭店又不是最便宜？你为什么把钱存在 A 银行而不存在 B 银行呢？A、B 两家银行的利率是一样的。你仔细想想看，当你决定购买一些东西时，是不是很清楚你购买的理由？有些东西也许你事先并没有想到要购买，但是一旦你决定购买时，总是有一些理由支持你去做这件事。

关心客户关心的就是指关心你的客户，你关心了客户，客户同样会关心你。他们关心你也就是关心了你的成功。所以，要成为推销英雄，那么，关心客户关心的吧！

大家已经知道了，产品的特性是指产品设计上的特性及功能。你可从各种角度发现产品的特性，例如：从材料着手，如衣服的材料是棉、麻、丝、混纺；从功能着手，如录影机具有定时录影的功能；从式样着手，如流线型的设计。每一样产品都有它的特性，不管你知不知道它是什么或会不会使用，它已存在于产品身上。而产品的优点则是指产品特性的有利点，如棉的衣服能吸汗、毛的温暖、丝的较轻；传真机有记忆装置，能自动传递给设定的对象；组合的隔间能随时移动等。

若你能发掘客户的特殊需求，并能找出产品的特性及优点，满足客户的特殊需求，或解决客户的特殊问题，这个特点就有无穷的价值，这也是推销人员存在的价值，否则根本不需要有推销人员。而推销人员对客户最大的贡献，就是能够满足客户的特殊需求或帮助客户获得最大的满足。

我们再仔细推敲一下，这些购买的理由正是我们最关心的利益点。例如我有一个朋友最近换了一辆体积很小的微型车，省油、价格便宜、方便停车都是车子的优点，但换车的真正理由是她路边停车的技术太差，常常因停车技术不好而发生尴尬的事情。这种微型车车身较短，能完全解决我这位朋友停车技术差的困扰，她就是因为这个利益点才决定购买的。

正确做法：

你可从以下几个方面了解一般人购买商品的理由：

1. 商品给他的整体印象

广告人最懂得从商品的整体印象来满足客户购买产品的动机。劳力士手表、奔驰汽车虽然是不同的商品，但它们都满足客户象征地位的需求。整体形象的诉求最能满足个性、生活方式、地位显赫人士的特殊需求。针对这些人，你在推销时不妨从此处着手，试探潜在客户最关心的利益点是否在此。

2. 便利性和安全性

便利是带给个人利益的一个重点。例如汽车变速器自动的便利性是吸引许多女性购车的重要理由，电脑软件设计时的简便性也是客户发展的重点。便利性是打动许多人购买的关键因素。

满足个人安全、安心而设计的有形、无形的产品不可胜数。无形的产品如各种保险，有形的产品如防火的建材。安全、安心也是潜在客户选购产品经常会考虑的理由之一。一位经营小孩儿玩具的直销人员提到，每次有家长带小朋友购买玩具时，由于玩具种类很多，很难取舍，但是只要他在关键时机巧妙地告诉家长，某个玩具在设计时是如何考虑到玩具的安全性的，家长们几乎会立刻决定购买。

3. 自我价值的实现

成长欲、成功欲是人类需求的一种，类似于马斯洛所说的自我成长、自我实现的需求。例如电脑能提升工作效率，想要自我提升的人就要到电脑补习班去进修电脑；想要成长为专业的经纪人，就会参加一些管理的研习班。上电脑课、参加研习班就是在满足个人成长的需求，这种需求是这些人关心的利益点。

4. 客户的生存环境

每一个人都生活在社会中。客户的生存环境也是影响其购买的因素，比如人际关系。

人际关系也是一项购买的重要理由。经过朋友、同学、亲戚、师长、上级的介绍而迅速完成交易的例子不胜枚举。

5. 客户的自身条件

比如购买力情况、喜好程度。

你推销的商品若能和客户的兴趣、嗜好结合在一起，抓住这点诉求，一定能让双方尽欢。

6. 商品的价格

价格也是客户选购产品的理由之一。若是你的客户对价格非常重视，你就可向他推荐在价格上能满足他的商品，否则你只能找出更多的特殊利益以提升产品的价格，使他认为值得购买。

7. 系统化

随着电子技术的革新，现在许多企业都不遗余力地进行着工厂自动化、办公室自动化的发展。这些企业购买电脑、打印机、复印机、传真机等产品的时候，普遍都以能否构成网络为条件而选择，这即是因系统化的理由而购买的例子。其他如音响、保安等系统化都是客户关心的利益点。

8. 服务

服务分为售前、售中及售后服务。因服务好而吸引客户的商店、餐馆、酒吧比比皆是；售后服务更具有满足客户安全及安心的特点。因此，服务也是客户关心的利益点之一。

妙语点评

客户的购买是很随机的，推销员要想刺激其购买欲望，就要观察和了解客户的需求，为他找一个购买的理由，先说服你自己买你的东西，才能使他顺理成章地接受你的说服。

不会利用联盟战术

联盟有助于增长推销的实力。

▣ 营销事典

有位客户想买几条好烟。在经过沃森的烟摊时看见其中的"KENT"牌香烟，于是客户开始跟沃森谈起生意来。

"你这种'KENT'香烟多少钱一条？"

"70 元钱一条。"

"假如我想多买点儿的话呢？"

"那就 68 元吧。"

"噢，我在别的烟摊上看见零售才 6.8 元一包。"

沃森脸上掠过一丝惊诧，语气却有点变了："不会吧，我们的价格都一样的呀！"

客户抓紧机会进攻："确实是这样的，不过我不想再返回到那边的烟摊去了。你的价格应该再低点儿，这样的话，我以后会经常来你这儿购买香烟的，而且可能数量会很多，这跟我的工作有关。"

沃森无可奈何，于是他的口气明显软了，价格一下降了下来。最后，客户竟然以 55 元的价格买了几条"KENT"香烟。

对于客户而言，联盟包括两个方面的内容。

一般来说，一个需求不算太大的单个购买者与卖方还价的能力是很小的，但当你告诉卖主你将来可能继续买他的货物，他也许会按你的要求改变成交条件。

同样的道理，你作为单个的购买者，但在你身边突然出现了几个和你同样要购买这种货物的买主，尽管你们彼此生疏，但对于卖主而言，你们无疑是他共同的买主，是一个联盟，而这种联盟却对你和其他买主都很有利。

正确做法：

推销方所指的联盟也包括两方面的内容，那就是与自己结成的联盟和与外部力量结成的联盟。

1. 与自己联盟

某市啤酒厂每年生产 1 万吨啤酒还供不应求，但因受到各方面条件限制，却不能扩大生产规模。乙单位认为这是个好机会，想投产去填补这一缺口。该单位领导便去跟啤酒厂经理谈判，希望能得到支持，并公平竞争。啤酒厂领导听明来意后，脱口说道："我们这个月就进口荷兰设备，这样啤酒生产就能翻两番，不仅可以供应本市，还可以远销外地呢。"乙单位听后，觉得这条路是行不通了，于是罢手不生产啤酒了。而啤酒厂领导也是吃惊不小，立即决定扩大再生产，以免被别的厂家挤掉。

此例就是成功地运用了联盟手段，增强了推销实力，最终赢得了胜利。

2. 与外部力量联盟

外部联合力量大，外部联盟包括技术伙伴、金融伙伴、政治伙伴、一条龙服务伙伴、完全包办伙伴、行业联合伙伴、地域伙伴、国际合作伙伴、推荐伙伴等的联合。至于寻求外部力量，你可能通过合作采购组织、代理商、联合签约者或承办人采购行业联合以及通过联名签署人或银行担保等进行。

还有几种特例：利用女性作免费宣传、利用团队优势。

女性喜欢家长里短地闲聊。这些闲事往往是最重要的销售情报，推销员应仔细搜集。此外，推销员应善用女人擅言的特点，请她们为你作情报的搜集与传达。

如果你不是单枪匹马打天下，你就可以好好利用团队优势，让大家淋漓尽致地发挥自己的特长，使客户不知不觉地接受你们的商品或方案。

霍华·休斯曾经是美国最富有的人士之一，并以不按牌理出牌而闻名。有一次，他的一家公司需要采购飞机，担任董事长的霍华·休斯亲自出马与飞机制造商进行谈判。

在谈判桌上，霍华·休斯态度生硬，提出的条件异常苛刻，要求在合同书上写明他所提出的 34 项要求。其实，在这 34 项要求中，大部分是可有可无的。可是，傲慢的霍华·休斯毫不退让，跟对方没有一点商量的余地。长时间谈判毫无成果，最终发展到互不相让的地步，谈判以破裂收场。

不久，霍华·休斯派遣他的代表出面谈判，告诉他的代表，只要争取到 34 项条件中的 11 项非得到不可的条件，就将感到心满意足。

新一轮谈判开始后，霍华·休斯的代表态度谦和，语气温柔，使飞机制造商的代表感到谈判格外轻松。霍华·休斯的代表详细说明每项要求提出的理由，谦虚地征求对方的意见，并再三强调谈判应以双方获得利益为前提。当有些要求谈不拢时，他总是心平气和地问对方："这项要求，您是和我协商解决呢，还是留待霍华·休斯跟您解决？"

一提到态度生硬、傲慢的霍华·休斯，飞机制造商的代表就非常反感，当然愿意与霍华·休斯的代表协商解决。结果，霍华·休斯的代表竟然争取到了34项要求中的30项，其中当然包括那非争取不可的11项。

霍华·休斯的例子就是以上司傲慢和强硬衬托出下属的谦和温柔，使对手不自觉地陷入自己的联盟战术中。

妙语点评

一个推销员能否成功地进行推销，大部分因素取决于自身的推销能力。但没有一个人是万能的，身份、地位、形象、性格、涵养、知识乃至口音等诸多因素对推销产品都有着极其微妙的影响。聪明的推销员会充分利用各种因素和联盟进行推销，直至达成最终的目标——成交。

没能让对方兑现诺言

记住！合约是用来约束对方的。

🔲 营销事典

舒克告诉翰斯先生的秘书，他想和翰斯先生预约会面。秘书告诉舒克："您得亲自和他谈这件事。"并对舒克说，"如果您可以在礼拜五早上10点半打来电话，我会安排您和翰斯先生谈5分钟。"

于是在星期五早上10点28分的时候，舒克便拨了电话。可是他却听到了令人失望的答复："对不起，因为一件突发事件，翰斯先生今天一天都不会到办公室来。"结果秘书又约他在下礼拜四下午2点来电话。

舒克再打去的时候，同样的情形再度重演。秘书小姐对他说："翰斯先生现在抽不出空来，不过您可以下礼拜一上午11点再打电话给他。"

合约就是口头承诺的书面形式，意思是说我做了什么，你就付出多少。答应别人容易，证明你会实现诺言就比较难了，合约就是通过法定的文书规范双方的权利和义务。口头应允或许不能保证实现，合约则给了推销员监督客户执行的权利。

仅凭一纸合约仍然不能保证什么，还必须采取其他的预防步骤，比如说押金、派员监督。有时有人在场，对方比较容易信守诺言。通常的办法是从小的项目试试他们实现承诺的能力，再逐渐扩大。

承诺不见得会被兑现，所以要有检察和纠举的机制，也要有在确认对方不遵守承诺时必须要付出更大的代价的方法。严格的合约通常都强调检察和纠举的功能。

正确做法：

1.签订信守的协议

（1）协议、谅解和程序的差异。

如果你不了解推销协议、谅解备忘录和程序三者之间的差异，那么你的处境会比较糟。

推销员有必要将这3个概念弄清。从实用的观点来看，我们可以把程序看作是做某些事情的方法；谅解是表示双方对某一问题的观点和态度；协议则是双方可接受的条件的最终承诺。

你可能感到纳闷，所有这些有多大差异呢？何必非得那么细致呢？

仅仅达成一项协议是不够的，甚至当双方都有最好的意向时，协议也会因这样那样的原因而终止。之所以会出现终止，是因为那些负责执行协议的人不了解达成协议的共同观点、态度和背景。再就是因为任何一方都不知道如何使协议运转起来，或者不懂得怎样证明它在运转还是没有执行运转。

（2）关于协议备忘录的警告。

要记起推销中的所有事件是不可能的，因为要详细记住的东西太多了。推销人员应该随时记笔记，在对问题进行讨论并达成一致意见时要记录在案。最重要的记录就是协议备忘录，它是对所达成协议的重要条件的书面记载，由双方签字后将成为正式合同的基础。只有在所有本质性问题全部解决，在备忘录成文和签字之后，会议才告结束。

自己写备忘录要比让另一方写好，谁写对谁有利。写者可以表达他对协议概念的理解，他可能解释意图，并通过遣词造句以反映他对讨论的理解。这并不是一方利用另一方或者为对方设置一些法律陷阱，它只是一方按自己的方式来安排协议的各个方面，而不是把它留给对手。

如果协议备忘录是由对方拟就，你必须特别小心，不能偷懒，不能天真，要强迫自己不止一次地仔细阅读备忘录，从中发现遗漏或错误。

2.服务承诺的履行

在销售人员说服客户购买的时候，无论如何，应强调与商品有关的甚至没有直接关联的服务，因为提供这些服务的承诺对达成交易有巨大的帮助。但是，相对于承诺而言，履行所作的承诺则更为重要。往往有许多销售人员在说服客户购买时，漫不经心地向客户提出商品出售后的某种服务，后来却忽略掉了曾经许下的承诺，这就很容易给客户造成误会或不愉快，如此怎么能保证客户会再度购买呢？

自己履行承诺，让客户抓不住把柄，并迫使他也如约执行。

3. 及时收回货款

未收回货款等于销售未完成。收取货款是推销员的任务之一。推销员应该明白，及时收取货款才能使本企业资金周转正常，促进销售额持续增大。同时，抓紧收款不仅是为本企业着想，也是为客户着想，容忍客户形成拖欠货款的习惯，结果反而对客户严肃会计账目、加强财务计划管理不利，这将削弱客户的经营能力。及时收款是理所当然的事情，推销人员应有理有据，而不必存有卑躬屈膝的求人心态，不要被对方的甜言蜜语所迷惑，也不要被对方的威势所吓倒，更不要被对方的死皮赖脸所摧垮。当然，推销员在收款时不应采用要挟威吓的高压态度，而应保持心平气和、不卑不亢，帮助客户分析利弊得失，从而确立正常的交易关系。

有些推销允许延期付款，但是在对方头几次购买时应坚持即时付款的原则，直到建立起客户的信用时才可在信用额度内准予出现个别赊账现象。然而，推销员无论何时都要密切关注老客户支付能力的变化，留意其可能出现的信用危机，并采取一定的安全措施。推销员在开拓新客户时，如交易条件发生变化，或听到对方的不好传闻，都必须对推销对象进行信用调查。

妙语点评

有时候，交易完成了，客户却总想要赖，企图占点便宜，不履行合约，这就需要推销员在签订合约时应从各个方面制订条款以约束和督促客户去执行合约。这种约束条款要列得详细而有效——谁也不喜欢法律纠纷，那么就在合约上多下点工夫吧。

让难下决定的客户绊住手脚

明确重点地告诉客户他的利益结果。

▣ 营销事典

推销员："沃森先生，这份投保合约我和您讨论过好多次了，合约的内容也照您的意思修改了多处，只要签约，员工们立刻享有保障，您看是不是能在本周内完成签约的手续？"

沃森："嗯！合约的内容是改得差不多了，不过，再看看吧！"

推销员："不知道您还要再考虑什么，这些条件您不认为是相当合理吗？"

沃森："嗯！是很合理，嗯……不过，给我一些时间再考虑考虑！"

有些客户听了推销员所作的商品介绍后，也实际观看了样品，似乎没有理由不作决定，但却迟迟不见他们作决定，推销员几度尝试着成交，但得到的都是一些模棱两可的答案。客户对产品并非不认同，但不管你在一旁多么心急，他们却总是难以立刻作决定，这种情景在大公司内特别容易碰到。这种客户的心理可分以下几个类别，推销员可根据不同的类别给予不同的处理。

1. 对自己的决定感到不安

他们对自己的决定无法找出评估的依据，怕自己考虑得不够周到，或担心自己得到的信息不够充分，或想再听听更多人的意见，不愿意发生问题时要由自己承担责任等，这些都会使得采购者对自己的决定感到不安。

这种人总是给人一种畏缩的感觉。畏缩型个性的人对人际关系有恐惧心理，对人冷淡，与人相处不融洽。对人冷淡导致进一步孤立，逐渐会断绝与外界甚至与朋友的联系。畏缩型个性的人有的是天生胆小怕事，但不少人是因为一生屡遭打击而变得顾虑重重、担惊受怕。

2. 由别人来决定不会招来指责

靠着习惯生存的人，惯性的力量将之囚禁在一个毫无色彩的圈子里，使他们的生活变得像一潭死水，波澜不惊。他们因为害怕被指责，宁愿等待别人来作决定。

3. 反应迟钝

反应迟钝的人在生活中一般并不遭人讨厌，但在工作上则极可能得不到重用。这类客户节奏缓慢，决断迟缓，优柔寡断，很简单的一件事，如受邀去玩或看到一件价格不菲的衣服，很少能在 5 秒钟内作出决断。

4. 考虑商量型

如"我和我丈夫（或妻子）商量商量""我得和我的合作伙伴讨论一下""我要和我的律师分析分析""我得让我的会计估算估算"等等。

5. 反复斟酌型

这种客户在购物时考虑周到，购买决策过程也较慢、较敏感，能观察到购买环节中的细枝末节，购物行为拘谨、拖泥带水，谋而不断，一方面缺乏购物主动性，另一方面对你的介绍不感兴趣或不信任，从而表现出敏感的消费行为，即购物决策和购物过程时间较长。这些人大多性格内向，在购物决策时表现出举棋不定、优柔寡断，对营销人员的介绍半信半疑，相信自己的观察，而且观察得十分仔细，如遇挫折马上放弃购买，购买后还会疑心是否上当。对这样的客户，营销人员应热情主动、小心周到地提供服务，以免影响了公司在客户心目中的地位。

正确做法：

不同的客户应区别对待。

面对第一种类型客户，你最好能让他了解购买时的评估基准，让他确信向你购买是合乎基准的。例如购买一台复印机，成本方面的基准，要考虑机器本身的成本、将来每复印一张的耗材成本及零件保用年限等 3 大项，若这 3 大项都考虑到，那么评估复印机的成本方面才能正确无误。

碰到第二种类型的客户，你的推销重心应该适度地转向客户的周围人士，你要很小心、谨慎地应对客户身边的人，他们的意见往往决定了你是否能够拿下订单。

面对第三种类型的客户，最重要的是一开始就把对方的意图弄清楚。只要发现他有可能想买你的东西，你就应施展才能争取他。比如：说话时速度放慢，尽量在他回答"听明白了"之后再说下一段，尽可能地慢到与他的节奏差不多；说明要简明扼要、明了易懂，尽量不让对方感到吃力；说明要点过多时注意互相对比，突出重点，以便给对方留下较深印象，让对方完全领会你的意思。而且，问话时千万要注意技巧。因为迟钝型客户不爱多说话，你在提问时应尽量问一些需用"是"、"行"就可回答的问题，以减轻对方的负担。

也许避免第四种人绊住你手脚的最好的办法就是搞清楚谁是真正的决策人或者鼓动与你谈判的人自己做主。例如，你可以说："先生，我会在星期三下午 3 点一刻准时到您的办公室，我建议您让那位能做主的人也在场。"如果他回答："我就能做主。"那你就可以说："我很高兴认识一位有能力独立决策的人。"话既然说到这个分儿上，客户在和推销员打交道的过程中也就无法避免要自个儿作出决定了。

跟第五种类型的客户打交道的办法是赢得他的信心。为他设想，让他知道你是站在他那一边，向他保证他采取的行动是对的。你自己深信你的产品是他应当买的，这将是决定性的因素。然后说服他要坚定。这类客户外表平和，态度从容，比较容易接近。但长期交往后便可发现他们言谈举止十分迟钝，有怯于决定的个性与倾向。他们往往注意力不集中，不善于思考问题。因此，推销员首先要有自信，并把自信传达给对方，同时鼓励对方多思考问题，并尽可能使谈话围绕推销核心与重点，而不要设定太多、太复杂的问题。

不可否认，大多数的人碰到要作决定的情况都会犹豫不决，因为他们担心作的决定不好而遭到损失或遭受指责，因此这是推销员面临的常态状况。你的对策应该是，明确、重点地告诉客户，作决定后就会有哪些利益产生，对利益的推销是最佳的诉求方式。

妙语点评

有些人天性优柔寡断，遇事不决；有些人处于特殊境况时当断不断。面对难作决定的客户，你该如何处理？先分清楚客户的类型，然后琢磨客户心理，不同的人用不同的方法区别对待。总之，是你促使客户下决心，而不是他自己或别人。

不敢冒险

当你已抓住对方心理时，不妨冒冒险。

营销事典

科思在一次研讨会上认识了史密斯先生，两人谈得很投机。在交谈中，史密斯谈到他最近想买一套带花园的房子，并且他比较喜欢马萨诸塞一带的环境，只是一直没有合意的。

科思马上说他的一个朋友在那一带做房地产生意，他可以帮助史密斯。

史密斯当然很高兴。

第二天，科思就带史密斯参观了一栋环境幽雅、建筑结构美观漂亮的三层小楼。史密斯很满意。科思的预期售价是 13 万，可是科思的朋友看出史密斯非常中意这套房子，于是告诉史密斯这套房子售价为 15 万，史密斯犹豫了一下。科思很担心这个报价不能被史密斯接受，于是急切地说："13 万吧，给你 13 万。"史密斯愣了一下，他对这么快就出现这么大的差价很惊讶，不知道科思到底在搞什么名堂，于是说："我再考虑一下，然后带我夫人过来看看再决定。"

在这里，敢于冒险是要跟干蠢事区分开的。而且这也不是代表异想天开去瞎碰运气。

聪明的冒险包含着了解冒险具有成功的可能性和情愿对自己能够承受得起的损失一笑了之而不抱怨。显然，挫败的命运是你为了更大的前进而必须支付的代价。

就科思这种迫不及待的态度来讲，他推销出这套房子的成功率就不高。本来作为史密斯来说已经对房子非常满意了，而科思却不能抓住他的这种心理，冒一下险，坚持他朋友的报价，或者说："已经有好几个买主竞相要这套房子了。"如此就会促使史密斯下决心购买。

应记住：当你感到务必要得到某个东西时，你永远得付出高价，因为你把自己置于一个对方容易驾驭的位置。

正确做法：

推销者运用冒险原则时应参考如下几点：

（1）我们鼓励你冒险是要你冒那种乐意的或适度的险，而不是要你去赌博。

（2）冒险前要认真考虑可能性，确定可能的好处是否值得去冒可能的危险。

（3）要理智，不要独断，永远不要因为骄傲逞能而盲目急躁或异想天开地去冒险。

（4）当冒险的赌注实在很高时，应平分或联合承担风险。

（5）让别人加入冒险活动，你也就扩大了自己的活动范围，增强了你的持久力。

冒险不是一种鲁莽行为，而是一种推销策略。它是以客户意料之外的行动达成推销员意料之中的效果。

1. 推销员要学会欲擒故纵

欲擒故纵，"擒"是目的，"纵"是手段。怎样运用这"纵"的手段呢？诀窍是：当你和客户交谈时，可以表现出一种漫不经心的态度，就是说对能否向他推销出商品表现得毫不在意。这种态度很能引起客户的兴趣。为什么会这样呢？道理并不复杂。

推销员在推销时并不认真推销，客户就会认为推销员推销的商品市场前景看好，或者认为推销员怠慢自己。前一心理会调动起他的购买欲，后一心理会增强他的表现欲，他会想方设法让他人看到推销员是怎样失职的，也就是说他会表现自己作为一名重要人物是怎样被漫不经心的推销员怠慢的。但不管什么心理，给推销员带来的都是成功的机会。这种谋略尤其适用于那些刚愎自用、自以为是的客户，所以，推销员要注意学会使用这一谋略。

2. 攻其不备，出其不意

在推销中，有些客户拉出架势准备进行艰难的拉锯战，而且他们也完全抛开了谈判的截止期。此时，你的最佳防守兼进攻策略就是出其不意，提出时间限制。这一策略的主要内容是，在推销桌上给对方一个突然袭击，改变态度，使对手在毫无准备且无法预料的形势下不知所措。对方本来认为时间挺宽裕，但突然听到一个要终止谈判的最后期限，而这个谈判成功与否又与自己关系重大，不可能不感到手足无措。由于他们很可能在资料、条件、精力、思想、时间上都没有充分准备，在经济利益和时间限制的双重驱动下，会不得不屈服，在协议上签字。

妙语点评

冒险是一种给客户施加压力的策略，但是在使用这种策略上一定要注意分寸。要把握客户的心理，并使其产生心理压力。此时，对于日常学到的、总结出的经验策略，你可以反其道而行之。如果让客户看不透你的底细，他自然乖乖地被你俘虏。